Margot Hellmiß

Natürlich heilen mit Apfelessig

Mit der Heilkraft von Apfelessig Kopf- und Halsschmerzen, Erkältungs- und Gelenkerkrankungen sowie Verdauungsstörungen behandeln

SÜDWEST

Inhalt

In Vermont, USA, wurde die Heilkraft des Apfelessigs wiederentdeckt.

In den meisten alten Kulturen wurde der Essig zu Heilzwecken verwendet.

Es gibt Essig in den unterschiedlichsten Variationen.

Apfelessig ist auch vielseitig in Küche und Haushalt verwendbar.

Einreibungen mit Apfelessig gegen müde, geschwollene Beine.

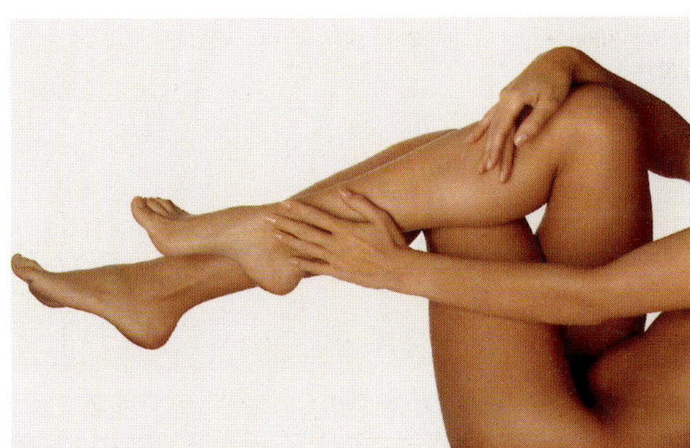

Vorwort

Sauer macht lustig, sagt der Volksmund. Mit dieser Redensart möchte man oft bei Kindern die Abneigung gegen ungewohnt saure Früchte und Säfte besänftigen. Was auf den ersten Blick nur so dahingesagt erscheint, enthält doch sehr viel Wahrheit, besonders wenn man die Wirkung von saurem Apfelessig auf unseren Organismus genauer betrachtet. Denn tatsächlich können essigsaure Speisen unsere Stimmung heben und erfrischen, uns vitalisieren und uns von dumpfen Gedanken befreien.

Apfelessig enthält eine Fülle wertvoller Inhaltsstoffe, die unser gesamtes Stoffwechselgeschehen in Schwung bringen, die Durchblutung verbessern und ganz allgemein der Gesundheit zuträglich sind. Täglich ein Teelöffel Apfelessig führt zu einem besseren Allgemeinbefinden und schafft damit tatsächlich die Basis für eine heitere Gemütsverfassung.

Ein altes Hausmittel

Als Desinfektionsmittel ist Essig heute nahezu in Vergessenheit geraten. Doch früher, als es noch keine chemische Industrie gab, spielte Essig auch in der Wundbehandlung eine bedeutende Rolle.

Vielen ist Apfelessig als bewährtes Hausmittel längst bekannt. Schon zu Großmutters und Urgroßmutters Zeiten schätzte man ein Getränk aus Apfelessig, Wasser und Honig, um gezielt eine Reihe leichterer Beschwerden zu kurieren.

Das Getränk hilft bei Verdauungs- und Stoffwechselstörungen, erleichtert das Abhusten bei Erkältungen, senkt den Cholesterinspiegel und unterstützt das Abnehmen – um vorweg nur einige Anwendungsbeispiele zu nennen. Apfelessig wirkt auch antibakteriell und entzündungshemmend, was früher vor allem bei der Wundbehandlung eine große Rolle spielte.

Äußerlich angewandt, ist Apfelessig ein natürliches Hautpflegemittel, das sich günstig auf den Säuremantel der Haut auswirkt. Apfelessig findet Verwendung als Badezusatz, Gesichtslotion, Mundwasser oder Haarspülung. Er hilft gegen Schuppen und bringt Glanz ins Haar.

Gesunde Zutat für leckere Speisen

Apfelessig ist aber auch ein feines Würzmittel und darf in keiner gesundheitsbewußten Küche fehlen. Er eignet sich hervorragend zum Verfeinern von Salaten, Saucen, Gemüse- und Fleischgerichten. Im Osten Europas dient Apfelessigwasser übrigens heute noch als erfrischender Durstlöscher.

In Zeiten, als bei leichtem Unwohlsein nicht gleich der Hausarzt gerufen wurde, hat man Apfelessig gerne als Allheilmittel, mitunter sogar als Wundermedizin gepriesen. Man sagte, der »Jungbrunnen« Apfelessig verlängere die Blüte des Lebens und gewährleiste ein hohes Alter ohne schmerzliche Altersbeschwerden.

Der Durstlöscher Obstessig wurde lange Zeit als das Getränk armer Leute angesehen. Ein guter Obstessig aus biologisch angebauten Äpfeln ist heute aber etwas Besonderes.

Bewährte Mittel für ein neues Gesundheitsbewußtsein

Heute sind wir skeptisch gegen solche Geschichten von Wundermitteln. Es ist klar, daß es Wundermittel nicht gibt, ebensowenig wie Allheilmittel. Aber Apfelessig hat sich als naturreines, gehaltvolles Nahrungsmittel erwiesen, dessen gesundheitsfördernde Wirkung der Volksmedizin schon lange bekannt ist und dessen sanfte Heilkraft schon zahllose Menschen in vielfältigen Anwendungen am eigenen Leib erfahren konnten.

Die Volksheilkunde ist in erster Linie eine Erfahrungsheilkunde, die sich auf überlieferte Erfahrungen stützt und nicht wie die Medizin auf wissenschaftliche Untersuchungen. Doch oft bestätigt auch die Wissenschaft die Wirkungen, die in der Volksheilkunde schon seit alter Zeit beobachtet werden. Die wertvollen Inhaltsstoffe des Apfelessigs sind heute kein Geheimnis mehr. Sie beeinflussen den menschlichen Organismus besonders günstig und sind so ein ideales Mittel in der modernen, auf Vorbeugung und schonende Wirkungsweise ausgerichteten Gesundheitspflege.

Auf die guten Erfahrungen der Altvorderen mit dem Naturprodukt Apfelessig kann man sich verlassen. Machen Sie doch selbst die Probe aufs Exempel!

Unsere Vorfahren waren bewandert in der Anwendung von Naturheilmitteln.

Die Apotheke der Natur

Wiederentdeckung der Vermonter Volksmedizin

Dr. De Forest Clinton Jarvis (1881–1945) gilt als Wiederentdecker der Lehre von der Heilwirkung des Apfelessigs. Er studierte zunächst Medizin in Burlington und ließ sich dann in Barre im US-Bundesstaat Vermont als Facharzt für Hals-, Nasen-, Ohren- und Augenkrankheiten nieder. In Vermont, dem waldreichen Staat der nördlichen Appalachen (Green Mountains, bis 1338 Meter Höhe) mit einem kühlgemäßigten Klima, wurde damals vorwiegend Land- und Milchwirtschaft betrieben. Darüber hinaus ernteten die Bauern Äpfel und gewannen aus dem Saft junger Ahornbäume einen würzigen Sirup.

Dieses rauhe, abgeschiedene Bergland prägte die weitere Entwicklung des frischgebackenen Facharztes: »Ich kam schon bald mit einer völlig anderen Art von Medizin in Berührung, mit der ich mich ernsthaft befassen mußte, wollte ich das Vertrauen der hiesigen Landbevölkerung gewinnen.« Dr. Jarvis machte Bekanntschaft mit der Volksmedizin des Landes, die »mit dem, was ich studiert hatte, wenig zu tun hatte, aber eng verwoben ist mit dem Vermonter Leben«.

Mit dem wissenschaftlichen Fortschritt im frühen 20. Jahrhundert ging einher, daß sich viele Mediziner auch wieder mit altem heilkundlichem Erfahrungswissen auseinandersetzten.

Heilmethode zur Selbsthilfe

Der Arzt erfuhr von Naturheilmitteln aus Blättern, Kräutern und Früchten, die die Bauern von ihren Großeltern und Urgroßeltern her kannten und mit deren Hilfe sie Tiere und Menschen erfolgreich kurierten sowie der Entstehung von Krankheiten wirksam vorbeugten.

Die Heilmethoden der Volksmedizin waren einfach, natürlich und billig. Sie wurden daher auch beibehalten, als es schon moderne Ärzte gab. Denn kaum einer konnte es sich auf dem Land leisten, wegen leichterer Beschwerden den oft weit entfernt wohnenden Arzt zu konsultieren oder teure Medizin in der Apotheke zu kaufen.

Ein Mediziner lernt von alten Überlieferungen

Dr. Jarvis befaßte sich gründlich mit dieser Volksmedizin und stellte fest, daß die einfachen Naturheilmittel oft besser und schneller wirkten als herkömmliche Arzneien. Obwohl seine Vorfahren Bauern gewesen waren, von denen er »die Liebe zur Erde und zu den Tieren geerbt hatte und ein angeborenes Gefühl für die Natur und ihre Eigenheiten«, dauerte es doch über zehn Jahre, bis er »die Sprache der Volksmedizin verstand«.

Die Entstehung eines epochemachenden Buches

Dr. Jarvis faßte seine Erfahrungen in einem Manuskript zusammen, das eigentlich nur für seine Tochter und die Enkelkinder bestimmt war. Er wollte seinen Nachkommen hinterlassen, mit welch einfachen Mitteln man bis ins hohe Alter aktiv und gesund bleiben konnte. Schließlich, nachdem ihm Kollegen immer wieder zugeraten hatten, entschloß er sich doch, seine Studien über die Volksheilmittel einem breiteren Publikum zugänglich zu machen. Er begründete seinen Entschluß folgendermaßen: »Ich glaube, daß der Arzt der Zukunft nicht nur Mediziner, sondern auch Lehrer sein muß. Denn seine wahre Aufgabe wird darin bestehen, die Leute zu lehren, wie man ein gesundes Leben führt. Die Ärzte werden darum nicht etwa weniger, sondern noch mehr zu tun haben als heutzutage. Es ist nämlich viel schwerer, die Menschen gesund zu erhalten, als sie nur von irgendeiner Krankheit zu kurieren.«
Das Manuskript wurde im Jahre 1958 als Buch veröffentlicht. Bereits ein Jahr später waren mehr als 500 000 Exemplare in zwölf verschiedenen Sprachen über den Ladentisch gegangen.

Heute ist es wieder selbstverständlich, daß auch Naturheilweisen in der Heilkunde ihren Platz haben. Aber noch vor wenigen Jahrzehnten wurden alternative Heilmethoden belächelt oder sogar bekämpft.

»5 x 20 Jahre leben«

In seinem Buch mit dem Titel »5 x 20 Jahre leben« berichtete der Landarzt von der engen Beziehung zwischen Lebensdauer und Ernährung und von den überraschenden Heilerfolgen, die die Vermonter Volksmedizin mit den uralten Hausmitteln Honig und Apfelessig erzielte.
Ein einfaches Grundrezept mit den Zutaten Wasser, Apfelessig und Honig empfahl Dr. Jarvis besonders für die Gesundheitsvorsorge. Wer es täglich anwendet, kann vielerlei Beschwerden lindern und insbesondere die Entstehung von Krankheiten verhüten.
Viele seiner Beobachtungen über die Wirkung von Apfelessig machte Jarvis anhand von Tieren. So berichtet er beispielsweise, daß bei Kühen, denen er eine Zeitlang Obstessig ins Futter gegeben hatte, kaum Krankheiten (wie Euterentzündung, Verstopfung, Durchfall, Arthritis, Erkältung, Lungenentzündung etc.) auftraten, die Kühe weniger Fehlgeburten hatten, die Geburten viel leichter vonstatten gingen und die Kühe gesunde, kräftige Kälbchen zur Welt brachten.
»Wer bei Bienen, Vögeln, Katzen, Hunden, Ziegen, Kälbern, Kühen, Stieren und Pferden in die Schule zu gehen versteht, der wird sich medizinische Kenntnisse aus dem Bereich der Physiologie und Biochemie aneignen, die in keinem Lehrbuch stehen«, schrieb er damals.

Je mehr das Verhalten von Tieren erforscht wird, desto erstaunlicher wird es, mit welcher Vernunft sie sich an ihre Lebensbedingungen angepaßt haben.

Vom Tier auf den Menschen geschlossen

Bei seinen Tierbeobachtungen hatte Jarvis auch herausgefunden, daß Tiere normalerweise fünfmal solange leben, wie sie zur »Erlangung ihrer Reife« brauchen. Ein Huhn beispielsweise ist mit sechs Monaten voll entwickelt und hat eine durchschnittliche Lebenswartung von zweieinhalb Jahren. Ein Pferd, das mit vier Jahren ausgewachsen ist, kann 20 Jahre alt werden.
Und da es beim Menschen im Durchschnitt bis zum 20. Lebensjahr dauert, bis er körperlich und geistig voll entwickelt ist, hielt er eine Lebensdauer von 100 Jahren für normal und bei vernünftiger Ernährung und Lebensweise durchaus für erreichbar. Der Titel seines Buches war geboren: »5 x 20 Jahre leben«.

Die Grundlagen der Volksmedizin

Die Anfänge der Vermonter Volksmedzin gehen nach Dr. Jarvis auf nomadische Urvölker zurück, die noch im Einklang mit der Natur lebten. Sie beobachteten die Tiere und lernten daraus. Sie stellten fest, daß kranke Tiere ganz bestimmte heilsame Pflanzen und Kräuter kauten. Sie sahen auch, daß Tiere nichts fraßen, sondern nur tranken, wenn sie krank oder verletzt waren, und daß sie sich dann von ihrer Herde absonderten, sich wenig bewegten, um in der Einsamkeit und Stille wieder zu Kräften zu kommen. In der Naturheilkunde würde man so ein Verhalten als Heilfasten bezeichnen. »Die Volksmedizin geht zurück auf längst vergangene Zeiten. Und die erste Apotheke war die Natur«, resümierte er.

Tiere handeln bei Krankheit oder Verletzung instinktiv richtig. Leider ist heutzutage dieser Instinkt beim Menschen häufig »ausgeschaltet«.

Im US-Bundesstaat Vermont entdeckte der Arzt Dr. De Forest Clinton Jarvis die Heilwirkungen des Apfelessigs wieder.

Vorbeugen ist besser als Heilen

Apfelessig dient vor allem dem Ausgleich von ernährungsbedingten Mängeln und der Unterstützung der natürlichen Körperfunktionen. So kann er vielen Krankheiten vorbeugen.

Den Schwerpunkt der Volksmedizin sah er in »der Erhaltung von Kraft und Gesundheit«, also darin, Krankheiten gar nicht erst entstehen zu lassen. Erst an zweiter Stelle folgt die Linderung von Beschwerden mit einfachen und natürlichen Mitteln.
Nach volksmedizinischen Gesichtspunkten entstehen Krankheiten nicht von einem Tag auf den anderen, also praktisch über Nacht, sondern sind das Ergebnis einer fortgesetzten und längerfristigen Verletzung grundsätzlicher Ernährungs- und Lebensregeln.

Wie man 100 Jahre alt wird

Jarvis verglich den Körper mit einem Gebäude, das nur dann länger Bestand hat, wenn beim Bau beste Materialien verwendet wurden: »Widerstandskraft und Dauerhaftigkeit des Körpergebäudes hängen von der Wahl der Nahrungsmittel ab, die wir essen, der Flüssigkeiten, die wir trinken, der Luft, die wir atmen.« Für die Instandhaltung des Körpers maß er den Mineralstoffen eine besondere Bedeutung bei.
Ohne Kalium beispielsweise könnten wir gar nicht existieren. Mineralstoffe unterstützen unser Stoffwechselgeschehen, sind unerläßlich für den Aufbau unseres Körpers, die Zellerneuerung oder die Abwehr von schädlichen Bakterien.
Apfelessig versorgt uns mit den wertvollen Mineralstoffen der Äpfel. Und der im Apfelessig-Honig-Cocktail enthaltene Honig steuert alle Mineralstoffe des Blütennektars bei sowie natürlichen Zucker zur Stärkung von Herz und Kreislauf. Hinzu muß noch eine Ernährung kommen, die reich an Früchten, Gemüse und Kartoffeln (Kohlenhydrate) ist und arm an Fleisch, Eiern (Proteine) und Fett.

Grundrezept zur Gesundheitsvorsorge

- 1 Glas Wasser wird mit 2 TL Apfelessig und 1 bis 2 TL Honig gut vermischt
- Dieser Cocktail wird regelmäßig jeden Morgen in kleinen Schlucken getrunken

Das Vorwort seines Buches schließt mit den Worten: »Die Volksmedizin hat vor allem jenen Menschen viel zu bieten, die sich nicht damit abfinden, die Abnahme der körperlichen Kräfte, den drohenden Verfall als etwas Unvermeidliches hinzunehmen, sondern lieber einen Weg suchen, bis ans Ende ihrer Tage lebenskräftig, tätig und gesund zu bleiben.«

Renaissance des Apfelessigs

Auch andere Autoren und Naturheilkundige, vor allem aus England und den USA, haben sich mit der positiven Wirkung des Apfelessigs befaßt. »Cider Vinegar«, ein Büchlein des Amerikaners Cyril Scott, erschien erstmals im Jahre 1949, die deutsche Ausgabe (»Für deine Gesundheit – Apfelessig«) folgte 1969.

In ihrem Werk »Das große Buch vom Essig. Hausrezepte aus Großmutters Zeiten« schwärmt Emily Thacker vom Apfelessig als »einer der gesündesten, nährstoffreichsten Flüssigkeiten überhaupt«.

Später waren es Paul C. Bragg und Patricia Bragg, die den Apfelessig als »Gesundheitselixier« erkannten. Für sie ist »reiner, natürlicher, nicht destillierter Apfelessig, der noch naturtrüb ist, (...) eines der vollkommensten Nahrungsmittel der Natur«.

Darüber hinaus wird der Apfelessig in zahlreichen Sammlungen alter Hausrezepte als sanftes Allheilmittel geführt. .

Die gesundheitsfördernde Wirkung des Apfelessigs ist keine Glaubensangelegenheit. Trotzdem gibt es Vorkämpfer und Verfechter, die den Apfelessig als Gesundheitsmittel propagieren.

Ein zeitgemäßes Gesundheitsmittel

Heute werden Arzneimittel der Pharmaindustrie in so großem Umfang eingesetzt wie nie zuvor. Die Medizin kann heute auch viele solche Krankheitsverläufe erforschen, diagnostizieren und steuern, bei denen die Menschen früher machtlos waren. Doch obwohl heute so vieles medizinisch möglich ist, erkennen immer mehr Menschen, daß teure und aufwendige Salben, Tabletten, Dragees oder Tropfen ihre Beschwerden oft nicht lindern und manchmal sogar noch eine Reihe unerwünschter Nebenwirkungen hervorrufen.

Vielfältige Wirkungen

Apfelessig ist gerade in unserer Zeit ein wertvolles Mittel, weil er bei einer ganzen Reihe von modernen Zivilisationskrankheiten günstig wirken kann.

Durch die breite Information über Fragen der Gesundheit haben wir heute vor allen Dingen gelernt, abzuwägen zwischen den verschiedenen Möglichkeiten, unsere Gesundheit zu erhalten und Heilung zu erlangen. Die Verbraucher sind heute kritischer und gesundheitsbewußter als früher, nach Risiken und Nebenwirkungen wird heute mit großer Wachsamkeit gefragt. Und warum soll man mit Kanonen auf Spatzen schießen, wenn man mit einem natürlichen Hausmittel einer Krankheit leicht vorbeugen und erste Krankheitsanzeichen wirksam bekämpfen kann? Aus solchen Überlegungen heraus besinnt man sich heute vielfach wieder auf die sanften Naturheilmittel.
Die Vorzüge des Apfelessigs werden heute besonders hoch geschätzt. Denn er ist als biologisch hergestelltes, natürliches Produkt erhältlich. Er ist in erster Linie dort einzusetzen, wo nach dem modernen Gesundheitsbewußtsein der Schlüssel zur Gesundheit liegt – bei der Ernährung. Und er steht jedem zur Verfügung, der eigenverantwortlich etwas für seine Gesundheit tun will. Apfelessig erlebt zur Zeit eine regelrechte Renaissance.

Was Apfelessig bewirkt

- Er versorgt den Organismus mit lebenswichtigen Mineralstoffen und Spurenelementen, insbesondere Kalium, sowie einer Reihe von Vitaminen
- Er verbessert die Leistung der Nieren
- Er verhindert die Ausbreitung von Fäulnisbakterien im Darm
- Er strafft die Gewebe und hält sie geschmeidig
- Er macht das Blut fließfähiger
- Er fördert die Wundheilung
- Er wirkt anregend auf den Stoffwechsel
- Er stärkt das körpereigene Abwehrsystem
- Er wirkt entschlackend
- Er erfrischt und vitalisiert
- Er verbessert allgemein die Gesundheit
- Er verzögert den Alterungsprozeß

Streifzug durch die Geschichte des Essigs

Apfelpflücker (römisches Mosaik, 3. Jahrhundert n. Chr.).

Essig in alten Kulturen

Essig können die Menschen herstellen, seit sie erkannt haben, daß sich alkoholische Getränke wie Wein oder Apfelwein, wenn sie an der Luft fermentieren, in Essig verwandeln. Schon in der Bibel, im Alten und im Neuen Testament, ist mehrmals von Apfelwein und von Essig die Rede. Ägypter, Assyrer, Babylonier, Israeliten, Griechen, Römer und Germanen kannten den Essig und schätzten ihn, um damit saure Speisen zuzubereiten, um Fleisch, Fisch und Gemüse zu konservieren, als durststillendes Getränk sowie als Arzneimittel. Auch als Zartmacher für Fleisch und zum Reinigen der Tongefäße ließ sich Essig verwenden. Vor Erfindung der Holzfässer setzte man den Essig übrigens in bauchigen Tonkrügen an.

In Kulturen, die den Weinbau kannten, ergab sich die Herstellung von Weinessig fast von selbst. In einem Klima, in dem Äpfel gediehen, entstand mit der Saft- und Mostherstellung auch der Apfelessig.

Essig im Medizinschrank der Antike

Vom Volk der Babylonier ist bekannt, daß es um 5000 v. Chr. die heilenden Eigenschaften eines Essigs schätzte, der aus den Früchten der Dattelpalme hergestellt wurde. Sie legten auch ihre Jagdbeute in Essig ein, damit sie nicht so schnell verdarb. In einer Schrift der alten Assyrer ist von Essigumschlägen die Rede, mit denen Ohrenschmerzen behandelt wurden.
Die Phönizier tranken Shekar, einen milden Apfelessig. Sie kamen wohl rein zufällig zu diesem Getränk, da es ihnen nicht gelang, Apfelwein zu konservieren.
In der Antike wurden besonders die heilenden Eigenschaften des Essigs geschätzt. Man verwendete ihn äußerlich zum Desinfizieren von

Wunden, als Umschlag bei Prellungen und Blutergüssen, gegen Insektenstiche und Schlangenbisse. Man trank Essigwasser gegen Fieber und um die Wundheilung voranzutreiben, zur Verdauungsförderung und inneren Reinigung.

Hannibal nahm Essig mit auf den Feldzug

Von dem karthagischen Feldherrn Hannibal (247–183 v. Chr.) ist eine erstaunliche Problemlösung mit Essig überliefert.
Als Hannibal mit seinem Heer und den berühmten Kriegselefanten die Alpen überquerte, versperrten häufig große Felsbrocken den Weg. Für Elefanten, die im Gegensatz zu Pferden keine höheren Stufen steigen können, ein unüberwindliches Hindernis. Deshalb ließ der Feldherr um die Felsen herum Feuer entzünden und, als die Steine richtig heiß waren, Essig darüber gießen. Dadurch ließen sich die Steine »erweichen«, sie konnten leicht auseinandergebrochen und aus dem Weg geräumt werden.

Kleopatra nutzte den Essig auf ihre Weise

Königin Kleopatra wurde von den Zeitgenossen wegen ihrer Schönheit gerühmt. Die Historiker bewundern dagegen vor allem ihre Schlauheit, mit der sie politisch mit der gefährlichen Großmacht der Römer taktierte.

Die ägyptische Königin Kleopatra (69–30 v. Chr.) liebte bekanntlich Wettspiele aller Art. Einmal gewann sie eine Wette, bei der sie behauptet hatte, sie könne ganz allein während einer einzigen Mahlzeit den Gegenwert von einer Million Sesterzen verzehren. Das war eine ungeheure Menge Geld, etwa soviel, wie ein »normaler« Ägypter in vier, fünf Jahren verdiente. Es war undenkbar, daß ein einzelner Mensch soviel essen und trinken konnte, auch nicht die Gottkönigin. Doch Kleopatra bediente sich eines Tricks: Sie legte Perlen im Wert von einer Million Sesterzen in ein Glas voll Essig. Während der Festvorbereitungen, also in der Zeit, in der Einladungen ausgesprochen, Speisen gekocht, Räume dekoriert und Tische gedeckt wurden, lösten sich die Perlen im Essig auf. Zu Beginn des Mahls trank die Königin das »perlende« Getränk, und in wenigen Augenblicken war sie Wettsiegerin.
Das einfache ägyptische Volk bevorzugte übrigens essigsaures Bier, das Hequa hieß und aus einer rötlichen Gerstenart gebraut wurde.

Bereits im alten Ägypten verwendeten die Frauen Apfelessig zur Schönheitspflege (Wandmalerei um 1425 v. Chr.).

Posca bei den Römern

Die Römer stellten Essig aus Trauben, Feigen oder einer bestimmten Gerstenart her. Überliefert ist die Herstellung der drei Essigarten in dem großen Buch über Ackerbau und Hauswirtschaft, »De re rustica«, von Columella aus dem Jahre 50 n. Chr. Die römischen Legionäre tranken täglich, wenn sie unterwegs waren, ein Essig-Wasser-Gemisch, das sie Posca nannten. Das Getränk war ein hervorragender Durstlöscher, diente aber auch der innerlichen Desinfektion. Ein römischer Legionär erbarmte sich auch des am Kreuz hängenden Jesus Christus und reichte ihm einen in Essigwasser getauchten Schwamm an einem Stiel, damit er seinen Durst stillen konnte. Das stellte nach damaligem Verständnis keine zusätzliche Folter dar, wie viele heute meinen, sondern war ein Akt der Nächstenliebe.

Essig wurde schon in den frühen Jahrhunderten zur innerlichen und äußerlichen Anwendung bei einer Vielzahl von Krankheiten eingesetzt.

Im Mittelalter liebte man es sauer

In den letzten Jahren findet man auch wieder zunehmend viele und unterschiedlich gewürzte Essigsorten in den Regalen der Lebensmittelgeschäfte.

Im Mittelalter enthielten zahllose Gerichte Essig oder Sauerwein in großer Menge. Das Saure machte fette Speisen leichter verdaulich, und sie verdarben auch nicht so schnell, was in einer Zeit ohne Kühlschränke und chemische Konservierungsstoffe äußerst wichtig war.
Man schätzte neben dem Apfelessig auch einen Weinessig, der mit Holunder und Himbeeren, Orangenblüten oder Rosenknospen veredelt wurde. Man reicherte den Essig auch gerne mit wohlriechenden Heilkräutern und Gewürzen an und verwendete ihn dann als Kräuteressig, z. B. Anisessig, Estragonessig, Nelken- oder Zimtessig.
Es gab spezielle Straßenhändler, die Essig verkauften, die sogenannten Essigträger. Sie füllten den Essig aus Holzfässern, die sie auf ihren Wagen hatten, direkt in die Gefäße, die die Hausfrauen dafür bereithielten. In der Küche wurden Gurken, Kohl, Kapern, Melonen, Portulak, auch Trüffel und sogar Veilchen in Essig eingelegt. Essig war in dieser Zeit ein so begehrtes Gut, daß er schon bald besteuert wurde.
Sauerwein aus wilden Äpfeln war ein beliebtes Getränk des Mittelalters für einfache Leute. Er wurde mit Zucker, Rosenwasser und Essig ge-

Die Lehren der heilkundigen Hildegard von Bingen (1098–1179) erleben heute eine Renaissance. Dazu gehört auch die Anwendung von Apfelessig bei Krankheiten.

würzt. Im Winter bestand der Sauerwein aus Wein oder schwachem Essig, der mit Senf, Rauke, Gewürznelken, Salbei, Minze, Petersilie, Ingwer, Pfeffer, Zimt und Knoblauch kräftig gewürzt wurde. »Sauerwein ist der Gesundheit äußerst zuträglich, wenn er nicht zu lange gelagert wird«, schrieb Abt Antoine Furetière im »Dictionnaire universel« unter dem Stichwort »sidre« (Wein aus Äpfeln).
Hildegard von Bingen (1098–1179), die große Gelehrte und Mystikerin des Mittelalters, war eine heilkundige Klosterfrau. Der Wert ihrer natürlichen Rezepte und Heilmethoden wird gerade heute wieder hoch eingeschätzt. Hildegard kannte die heilende Wirkung des Essigs. Sie empfahl ihn vor allem wegen seiner günstigen Wirkung für die Verdauung: »Essig reinigt das Stinkende im Menschen und sorgt dafür, daß sein Essen den rechten Weg geht.«
Als in Europa immer wieder die Pest wütete, pflegten sich die Pestärzte mit Essig vor Ansteckung zu schützen. Wegen seiner desinfizierenden Wirkung setzten sie Essig auch bei der Pestbehandlung ein.

Gesundheitsessig

Um 1750 hatte Monsieur Maille, der königliche Essig- und Senflieferant des französischen Hofs, bereits 55 verschiedene Essigsorten im Sortiment, darunter einen »Gesundheitsessig« aus wilden Rosen, Chicorée und Günsel. Die Damen der französischen Gesellschaft, die aufgrund der eng geschnürten Korsette häufig in Ohnmacht fielen, gaben übrigens gerne Essig in ihre Riechfläschchen. Der säuerliche Geruch ließ ihre Lebensgeister bald wieder zurückkehren
Bekannt ist, daß sich der englische Dichter Lord George Byron (1788–1824) eine Zeitlang nur von einem Essig-Wasser-Getränk und Zwieback ernährte, um auf diese Weise sein Gewicht zu verringern.
Im 19. und 20. Jahrhundert stand die heilende Wirkung des Essigs im Vordergrund. Und bis in die fünfziger, sechziger Jahre bekamen in einfachen Kreisen Kinder Essigwasser gegen den Durst statt der viel teureren, dafür aber wesentlich weniger gesunden Limonade. Übrigens ist in Osteuropa Essigwasser noch heute auf dem Lande ein beliebtes Erfrischungsgetränk.

Essig gab es schon immer für jede soziale Gruppe – als billiges Getränk für die Armen und als erlesen zubereitetes Luxusprodukt für die verwöhnte Gesellschaft.

Essig gibt es in den unterschiedlichsten Variationen.

Eine Verbindung der Essigsäure ist die essigsaure Tonerde, ein alkalisches Aluminiumazetat. In stark verdünnter, wäßriger Lösung wird essigsaure Tonerde für Umschläge beispielsweise bei Blutergüssen verwendet.

Was Essig ist und wie er gemacht wird

Das Werk von Gärung und Bakterien

Essig ist chemisch gesehen eine wäßrige Lösung von Essigsäure, Farb- und Aromastoffen, die natürlich durch einen Gärungsvorgang unter Beisein von Essigbakterien entsteht.

Essigsäure, die starke Essenz

Das Wesen des Essigs ist die Essigsäure. Sie gibt dem Essig den sauren Geschmack und verleiht ihm eine konservierende und antiseptische Wirkung. Essigsäure (CH_3COOH) ist vergorener Alkohol. Man kann sie aber auch künstlich aus Azetylen herstellen oder bei der Holzverkohlung gewinnen (Holzessig). In Reinform oder in zu wenig verdünnter Konzentration ist Essigsäure stark ätzend. Nicht selten müssen kleine Kinder ins Krankenhaus gebracht werden, weil sie aus Versehen die handelsübliche 25prozentige »Essigessenz« getrunken haben. In dieser Konzentration ist Essigsäure ausschließlich zum Putzen und Entkalken geeeignet; zum Würzen von Speisen muß die Essenz stark mit Wasser verdünnt werden.

Sanfte Wirkung des natürlichen Essigs

Ganz anders verhält es sich mit normalem Wein-, Kräuter- oder Obstessig. Er enthält in der Regel fünf, höchstens sieben Prozent Essigsäure. In solcher Verdünnung kann die Essigsäure ihre wohltuende Wirkung entfalten und niemandem schaden, sieht man einmal von Menschen ab, die unter schweren Magenerkrankungen leiden.

Der normale Speiseessig, sofern es sich nicht um einen billigen Verschnitt handelt, dem künstlich hergestellte Essigsäure beigemischt wurde, entsteht durch Gärung, genauer gesagt durch Essiggärung. Wenn alkoholische Getränke wie Wein, Bier, Obstwein oder Apfelmost mit Essigbakterien in Berührung kommen, werden sie zu Essig. Solche Essigbakterien sind in der Luft und in gärendem Pflanzenmaterial stets vorhanden. Sie nehmen Alkohol auf, lassen ihn mittels Enzymen eine Verbindung mit Sauerstoff eingehen und geben im Gegenzug Essigsäure und Wasser ab. Dieser Vorgang des Vergärens wird auch Fermentation genannt. Wenn die Bakterien ihr Werk vollendet haben, hat sich der Alkohol in der Flüssigkeit fast vollständig verflüchtigt. Der Alkoholgehalt liegt dann unter 0,2 Prozent.

Man muß eine Flasche Wein nur lange genug offen stehenlassen (zwei Wochen im Sommer oder vier Wochen im Winter), dann wird der Wein sauer und schließlich zu Essig. Essighersteller warten natürlich nicht, bis die Essiggärung selbsttätig abläuft, sondern helfen diesem Vorgang mit speziell kultivierten Essigbakterienstämmen nach.

Besonders kräftig wird der Essig, wenn die Äpfel, aus denen der Most gemacht wird, vollreif und süß sind. Wenn Sie Ihren Most aus den Äpfeln des eigenen Gartens herstellen, lassen Sie die Äpfel lang am Baum ausreifen.

Die Herstellung von Apfelessig

Grundlage des Apfelessigs ist der Apfelmost, also Apfelsaft, in dem sich Alkohol gebildet hat. Je mehr Zucker die Äpfel enthalten, desto mehr Alkohol entsteht im Most und desto leichter kann sich anschließend Essigsäure bilden. Bevorzugt verwendet man kleine, aromatische Mostäpfel, die am besten als ganze Früchte in die großen Mostpressen kommen. Wird der Most nur aus Apfelabfällen, aus Schalen, Stengeln und Kerngehäusen gemacht, ist er qualitativ schlechter. In vielen Fällen wird dem Most Hefe zugesetzt, um die Alkoholbildung zu verstärken. Und später wird der Most häufig mit speziellen Essigbakterien »geimpft«, um die Bildung von Essigsäure voranzutreiben.

Die verschiedenen Hersteller gehen im einzelnen natürlich recht unterschiedlich zu Werke. Manche verwenden als Essiggrundlage jahrelang in Holzfässern »ausgebauten« Apfelwein, den sie anschließend in Glasballons mit speziellen Essigbakterienkulturen vergären. Andere bedienen sich des sogenannten Orléans-Verfahrens, das auch Ober-

In der biologisch-dynamischen Anbauweise wird der Einsatz von Kunstdüngern und chemischen Pflanzenschutzmitteln vermieden. Auf diese Weise sollen schädliche Rückstände in den Produkten möglichst gering gehalten werden.

flächengärungsverfahren genannt wird. Schon im 14. Jahrhundert wurde damit im französischen Orléans Essig gemacht, und aus dem 17. Jahrhundert stammen Aufzeichnungen, die belegen, daß es sich um eines der ältesten industriellen Fertigungsverfahren überhaupt handelt. Dabei werden liegende Eichenfässer etwa zur Hälfte mit Apfelmost gefüllt und anschließend mit etwas Essig als Bakterienüberträger versetzt. Die nötige Luft zur Essiggärung strömt durch Löcher in den oberen Faßteilen.

Wenn der Essig in diesen Fässern herangereift ist, zapft man immer wieder etwas davon ab und schüttet frischen Most nach, bis die Fässer einmal gereinigt werden müssen. Der fertige Essig wird dann meist noch eine Zeitlang in anderen Holzfässern gelagert, um sein Aroma zu verfeinern.

Naturtrüb muß er sein

»Geschmack, Genuß, Gesundheit« versprechen Essighersteller ihren Kunden und verweisen auf die sonnengereiften Äpfel von ausgesuchten Streuobstwiesen, aus denen ihr Apfelessig gemacht wird. Auch biologisch-dynamischer Anbau ist in vielen Fällen garantiert. Da die Qualität der Äpfel die Qualität des Apfelessigs bestimmt, ist selbstverständlich wichtig, nur die besten und am wenigsten mit Umweltgiften belasteten Äpfel zu verwenden. Man sollte auch darauf achten, daß nur ganze Äpfel verarbeitet werden.

Doch mindestens genauso wichtig ist die Herstellungsweise des Apfelessigs. Bei einigen Herstellern wird der Apfelessig zu stark gefiltert oder

Wählen Sie den richtigen Apfelessig

- Kaufen Sie nur auf natürliche Weise hergestellten, naturtrüben Apfelessig
- Die klaren, destillierten Essige enthalten weniger wertvolle Inhaltsstoffe
- Achten Sie auch auf biologisch-dynamische Anbauweise, um möglichst schadstofffreie Ware zu bekommen
- Apfelessig wird im Handel oft nur als Obstessig bezeichnet

gar destilliert, also verdampft und anschließend in Kühlröhren zum Niederschlag gebracht, und verliert so wichtige Inhaltsstoffe. Destillierter Essig ist ärmer an Vitaminen, Enzymen, Mineralien und Spurenelementen als nicht destillierter. Die Folge: Destillierter Apfelessig ist klar, ohne jede Trübung oder eine Schaumkrone.

Auch wenn uns die Werbung den Wunsch nach »schön« anzuschauenden Waren suggeriert hat, und wir vielleicht aus einem ästhetischen Grundbedürfnis heraus gern nach klaren und reinen Produkten greifen, sollten wir nicht vergessen, was wirklich gesund ist. Je weniger ein natürliches Nahrungsmittel wie Apfelessig künstlich behandelt wird, desto reichhaltiger ist es an (sichtbaren) Inhaltsstoffen und desto nützlicher für Körper und Gesundheit. Guter Apfelessig ist dunkel, trüb und eventuell sogar mit einer Schaumkrone oder einem Bodensatz versehen.

Die gute »Essigmutter«

Essigmutter nennt man den Schaum bzw. die Schlieren, die man an der Oberfläche von Apfelmost oder Wein sehen kann, die sich gerade in Essig verwandeln. Andere Bezeichnungen dafür sind Essigkahm oder Essigkahmhaut. Essigmutter entsteht, wenn die Essigbakterien den Äthylalkohol in Essig umwandeln.
Mit fortschreitender Essiggärung bildet sich nach zwei bis drei Tagen der spinnwebartige Schaum. Man kann die Schlieren abschöpfen und in einen neu angesetzten Most geben. Das beschleunigt bei dem neu entstehenden Essig die Essigbildung und verleiht ihm ein spezifisches Aroma.
Für manche ist »Essigmutter« ein wahres Wundermittel. Ein Löffel davon soll die meisten Beschwerden lindern, gegen die flüssiger Essig auch hilft.
Doch Essigmutter wirkt auf intensivere Weise. Besonders Schmerzen in den Gelenken, ansteckenden Ausschlägen sowie einer erhöhten Anfälligkeit für Infektionskrankheiten und unerwünschten Darmbewohnern kann man damit begegnen.

Die schaumige Haut, die sich bei der Essiggärung auf dem Essig bildet, hat nichts mit Schimmelbildung zu tun und ist – im Gegensatz zum Schimmel – sogar bekömmlich und von besonderem Wert für die Gesundheit.

Ein gehütetes Kellergeheimnis

Manche Essigmütter, vor allem von teuren Weinessigen, werden daher wie sakrale Geheimnisse von den Essigherstellern gehütet und seit Generationen immer weiterverwendet. Die speziellen Essigbakterien, die auf diese Weise sozusagen vererbt werden, entfalten dann immer wieder den gleichen Wohlgeschmack.
Es kann allerdings auch geschehen, daß die Essigmutter vorzeitig verdirbt und auf den Boden absinkt. Das geschieht beispielsweise, wenn das Essiggefäß nicht ruhig steht, die Essigmutter untergetaucht wird und die Essigbakterien infolge von Sauerstoffmangel eingehen. Abgestorbene Essigmutter hat keinen Wert mehr und kann entfernt werden.
Sollten Sie zu jenen gehören, die auch die ungewohnte Konsistenz eines Lebensmittels akzeptieren können, dann nehmen Sie einen kleinen Löffel Essigmutter und genießen Sie die Wirkung. Etwas Essigmutter kann man jederzeit selbst herstellen, wenn man Essig und frischen Most zur Hand hat. Man füllt beides zu gleichen Teilen in ein offenes Gefäß ohne Deckel. Nach ein paar Tagen entsteht oben auf der Flüssigkeit der schlierige Schaum. Wenn man das Gefäß zu kühl lagert, kann dieser Prozeß allerdings Wochen dauern.

Für einen guten Apfelessig muß auch die Qualität der Ausgangsstoffe stimmen. Nur mit reifen, gehaltvollen und unbelasteten Äpfeln lohnt sich die Mühe, selbst Apfelessig herzustellen.

Wie man Apfelessig selbst ansetzt

Was man für die Herstellung von Apfelessig braucht, findet sich üblicherweise in jedem Haushalt. Wichtig ist, zwei Arbeitsschritte voneinander zu trennen: Zuerst muß man einen guten Apfelmost machen. Und dann im zweiten Schritt daraus den Essig.
Verwenden Sie süße Äpfel – möglichst naturbelassen bzw. aus biologisch-dynamischem Anbau. Achten Sie weniger auf das Aussehen der Äpfel als vielmehr auf deren Reinheit, vor allem von Schädlingsbekämpfungsmitteln.
Fertiger Apfelsaft oder Apfelmost aus dem Supermarkt eignen sich aufgrund von Konservierungsmitteln nicht für die alkoholische Gärung.

Der Most

▶ Waschen Sie die Äpfel (ca. fünf Kilogramm), und schneiden Sie sie in Viertelstücke.

▶ Geben Sie die Fruchtteile in eine Saftpresse, und stellen Sie Apfelsaft daraus her.

▶ Füllen Sie den Saft samt den Rückständen von den Apfelstücken in ein größeres Gefäß aus Glas oder Steingut. Verdünnen Sie ihn mit etwas Wasser, und geben Sie einige Messerspitzen voll Hefe und ein Stückchen Schwarzbrot hinein, um die alkoholische Gärung zu beschleunigen.

▶ Stülpen Sie über das gefüllte Gefäß einen Luftballon, um es luftdicht zu verschließen. Wenn der Zucker in Alkohol verwandelt wird, bildet sich das Gas Kohlendioxid, das den Ballon mit der Zeit aufbläht. Zeigt sich etwas Schaum auf dem Most, so sind das lediglich Hefereste.

▶ Stellen Sie das Gefäß etwa vier Wochen weg, bis sich der Zucker vollständig in Alkohol umgewandelt hat. Dann ist der Most fertig. Wenn es sehr warm ist, kann dies schon in einer oder zwei Wochen geschehen sein. Zu große Hitze kann dem Most allerdings schaden. Ab etwa 60 °C sterben die natürlich auf den Apfelschalen vorkommenden oder auch die zugesetzten Hefezellen ab, was die alkoholische Gärung unmöglich macht. Auch Frost blockiert die Gärung.

Der Apfelmost ist ein erfrischendes, bekömmliches Getränk. Aber Achtung, so leicht er sich auch trinkt, seinen Alkohol darf man nicht unterschätzen!

Apfelmost hat je nach Landschaft verschiedene Namen und auch einen unterschiedlichen Charakter. In der Normandie und Bretagne schwört man auf den Cidre aus heimischen Äpfeln, in England und USA ist der eigene Cider beliebt, im deutschen Sprachraum ist es der Apfelwein oder Apfelmost. Nur die Frankfurter sind sicher, daß ihr »Äppelwoi« noch etwas ganz Besonderes ist.

Der Essig

▶ Füllen Sie den Apfelmost in ein breites, flaches Gefäß, das dem Most eine möglichst große Oberfläche verschafft. Das Gefäß sollte höchstens zu drei Vierteln aufgefüllt werden.

▶ Falls Sie etwas Apfelessig oder gar Essigmutter zur Verfügung haben, geben Sie etwas davon hinein. Das beschleunigt die Essiggärung. (Manche Essigproduzenten verkaufen für Selbsthersteller auf Anfrage auch spezielle Essigbakterien in 100-Milliliter-Fläschchen.)

Das Geheimnis so mancher hervorragender Essigsorten verbirgt sich in dieser unansehnlichen Masse: der Essigmutter.

Essigälchen (Anguilla aceti) sind zu den Fadenwürmern gehörende Schädlinge, die sich in säurehaltigen Substanzen vermehren können.

- Bedecken Sie das Gefäß mit einem groben Leinentuch oder Moskitonetz. Verschließen Sie es aber keinesfalls luftdicht. Die Essigbakterien brauchen für ihre Arbeit ständig Sauerstoff.
- Die Idealtemperatur für die Essigbildung beträgt 26 °C bis 28 °C. Über 35 °C sterben die Essigbakterien ab. Bei Unterkühlung hören sie auf zu arbeiten. Solange die Bakterien den Alkohol umwandeln, riecht es manchmal wie nach Klebstoff (Äthylazetat). Sobald der Essig fertig ist, verschwindet dieser Geruch.
- Nach zwei, drei Monaten dürfte Ihr Essig gediehen sein. Bevor Sie ihn abfüllen, sollten Sie den Essig durch ein ausgekochtes Leinentuch oder zur Not auch durch Kaffeefiltertüten gießen, um ihn von groben Schwebteilchen, Apfelstückchen, Heferesten und sogenannten Essigälchen zu reinigen.
- Füllen Sie den Essig in Halbliterflaschen, verschließen Sie sie mit Naturkorken.

Falls Ihr Essig einmal zu sauer gerät oder nicht so recht schmeckt, sollten Sie nicht enttäuscht sein. Wirklich guten Essig zu machen, ist eine hohe Kunst, das kann Ihnen jeder Kellermeister bestätigen. Dazu benötigt man viel Erfahrung.

Dennoch ist die Herstellung von Apfelessig, wie man sieht, wesentlich einfacher als beispielsweise die Produktion erlesener Balsamico-Weinessige, die frühestens nach zwölf Jahren Faßreifezeit gezapft werden. Davon kann dann allerdings allein ein Zehntelliter schon weit über 200 DM kosten.

Bestimmung des Säuregehalts

Wenn Sie schon ein wenig Erfahrung mit der Herstellung und Reifung Ihres Apfelessigs gewonnen haben, interessiert Sie vielleicht einmal der genaue Säuregehalt.

Für eine exakte Bestimmung des Säuregehalts muß man ein nicht ganz unkompliziertes Verfahren anwenden, das man Titrieren oder Titration nennt. Dabei wird eine Substanz als Indikator verwendet, die einen typischen Farbumschlag zeigt, wenn die Säure neutralisiert wird. Zu diesem Indikator gibt man nun zuerst eine genau abgemessene Menge des Apfelessigs. Der Indikator zeigt nun zunächst die typische Säurefärbung. Dann fügt man eine alkalische Substanz hinzu, mit der die Mischung nach und nach neutralisiert wird. Die Menge der hinzugegebenen alkalischen Substanz muß man genau im Auge behalten. Wenn der Punkt erreicht ist, an dem die Säurefärbung des Indikators umschlägt, kann man aus der Menge der verwendeten alkalischen Substanz den ursprünglichen Säuregehalt des Apfelessigs berechnen. Dieses Verfahren ist natürlich Sache eines Labors, denn mit den Mitteln eines gewöhnlichen Haushalts kann man so ein exaktes Meßverfahren nicht durchführen.

Es gibt aber auch eine Methode, die sich für den Hausgebrauch eignet. Dafür müssen Sie im Fachhandel für Kellereibedarf ein Gerät namens »Weintester« erwerben (ca. 25 DM). Mit diesem Gerät läßt sich nicht nur Wein analysieren, unter Zuhilfenahme einer Umrechnungstabelle kann man auch den Säuregehalt von Essig bestimmen.

Wenn man wissen will, ob eine Flüssigkeit eine Säure oder eine alkalische Substanz ist, kann man beispielsweise Lackmus als Indikator verwenden: Lackmus ist ein blauer Farbstoff, der sich in Säuren rot verfärbt.

Äpfel sind reich an gesunden Biostoffen.

Was Apfelessig so gesund macht

Wertvolle Inhaltsstoffe

Fast alle Inhaltsstoffe, die wir in Äpfeln finden, gehen auch in den Apfelessig über. 100 Gramm frische Äpfel mit Schale enthalten beispielsweise bis zu 140 Milligramm Kalium. In 100 Gramm naturtrübem Apfelessig, der aus ganzen Äpfeln hergestellt wurde, findet sich etwa dieselbe Menge. Die genauen Analysen von Äpfeln und Apfelessig variieren natürlich immer ein bißchen, da nicht alle Äpfel bzw. Apfelsorten gleich sind.

Wie vielfältig die Inhaltsstoffe im Apfelessig sind, zeigt folgendes Beispiel: Eine wissenschaftliche Untersuchung allein über die Bestandteile des Essigs, die an der Luft verdunsten, brachte schon über 90 verschiedene Stoffe zutage, u.a. 13 Karbolsäuren, vier Aldehyde, 29 Ketone, 18 Alkoholarten, acht Essigester usw.

Apfelessig enthält u.a. 20 wichtige Mineralstoffe und Spurenelemente; dazu Essig-, Propion-, Milch- und Zitronensäure, eine Reihe von Enzymen und Aminosäuren und wertvolle Ballaststoffe wie Pottasche und Pektin bzw. Apfelpektin.

Die gute Wirkung des Apfelessigs wird seit Jahrhunderten beobachtet und erprobt. Die Wissenschaft konnte die Zusammenhänge allerdings noch nicht bis ins Detail erforschen.

Auf die Zusammensetzung kommt es an

Was die wissenschaftliche Beurteilung solcher Inhaltsstoffe schwierig macht, sind ihre vielfältigen Wechselwirkungen untereinander und ihre Wechselwirkungen mit Stoffen, die aus anderen Lebensmitteln stammen oder körpereigener Natur sind. Da ist noch längst nicht alles erforscht und wird vielleicht in aller Feinheit auch nie erforscht werden können.

Apfelessig in der Heilkunde

Jahrzehntelange, zum Teil sogar Jahrhunderte währende Erfahrungen lassen an den positiven Auswirkungen von Äpfeln und Apfelessig auf den menschlichen Organismus keinen Zweifel. Nicht umsonst gibt es im englischsprachigen Raum seit jeher das geflügelte Wort »An apple every day keeps the doctor away« (Ein Apfel jeden Tag, das hält den Doktor fern). Menschen, die regelmäßig Äpfel essen oder Apfelessig zu sich nehmen, sind frischer und gesünder, ihre Haut wirkt straffer.
Für die positiven Wirkungen der meisten Apfelessigbestandteile im einzelnen hat aber auch die Wissenschaft schon eindeutige Erklärungen gefunden. Das betrifft in erster Linie alle Vitamine, die bekannterweise für den Ablauf unseres gesamten Stoffwechselgeschehens unentbehrlich sind, das betrifft das cholesterinsenkende Apfelpektin und alle Mineralien oder Spurenelemente, die – wie Eisen, Kupfer oder Fluor – unserem Stoffwechsel als Katalysatoren dienen oder solche – wie Kalium, Kalzium, Magnesium, Phosphor, Schwefel oder Chlor –, die vor allem beim Aufbau unseres Körpers notwendig sind.

Die Zusammensetzung ist das Geheimnis. Deshalb ist fraglich, ob künstlich hergestellte, isolierte Vitaminpräparate den gleichen Nutzen haben wie die Vitamine, die in Obst, Gemüse oder auch in Apfelessig vorkommen.

Lebenswichtige Stoffe im Apfelessig

Mineralstoffe und Spurenelemente	Vitamine
▶ Kalium	▶ Vitamin C
▶ Natrium	▶ Vitamin E
▶ Kalzium	▶ Vitamin A
▶ Magnesium	▶ Vitamin B1
▶ Phosphor	▶ Vitamin B2
▶ Chlor	▶ Vitamin B6
▶ Schwefel	▶ Provitamin Beta-Karotin
▶ Kupfer	▶ Vitamin P (wird heute meist unter der Bezeichnung Rutin zu den Flavonoiden gezählt)
▶ Eisen	
▶ Silizium	
▶ Fluor	

Das lebenswichtige Kalium

Ohne den Mineralstoff Kalium wäre Leben unmöglich. Pflanzen, die zuwenig Kalium erhalten, hören auf zu wachsen und gehen ein. Und bei Menschen, die zuwenig Kalium aufnehmen, verkümmert die lebendige Tätigkeit der Körperzellen. Denn Kalium regelt als Gegenspieler von Natrium den Wasserhaushalt der Körperzellen.
Unsere Zellen sind von einer wäßrigen Flüssigkeit (extrazelluläre Flüssigkeit) umgeben, die Sauerstoff und Nährstoffe zu den Zellen transportiert und im Gegenzug Gifte und Abfallstoffe von den Zellen wegschafft. Der Austausch zwischen dieser extrazellulären Flüssigkeit und den Zellen funktioniert u. a. nur, wenn die Zellen ausreichend mit Kalium versorgt sind. Das Kalium entwässert die Zellen und hat somit wesentlichen Einfluß auf die gesamte Entgiftung des Körpers. Bei einem Kaliummangel in den Zellen können sich die Zellen so sehr mit Wasser vollsaugen, daß sie platzen und damit zugrunde gehen, die Gewebe Schaden nehmen.
Die Folgen sind schon äußerlich bald erkennbar an einer schlaffen, faltigen Haut und einer spannungslosen Muskulatur. Das kann sich besonders negativ auf die Herzmuskulatur und den Spannungszustand der Blutgefäße auswirken. Auch die Gehirn- und Nerventätigkeit ist vom Kalium abhängig. Erschöpfungszustände, geistige und körperliche Müdigkeit, Gedächtnisstörungen, Appetitlosigkeit, Funktionsstörungen des Herzens und andere Beschwerden gehen sehr oft auf eine Unterversorgung mit Kalium zurück.

Kalium ist in der Erdrinde ein relativ reich vorhandenes Element. Der Tagesbedarf eines Erwachsenen an Kalium liegt bei einem bis drei Gramm (1 000 bis 3 000 Milligramm). Bei ausgewogener Ernährung ist die Versorgung mit Kalium in der Regel sichergestellt.

Kaliumvorsorge mit Apfelessig

Da Apfelessig ein ergiebiger Kaliumspender ist, kann seine regelmäßige Einnahme bei solchen Beschwerden mit der Zeit Erstaunliches vollbringen. Versuchen Sie einmal, akuten Erschöpfungszuständen, die meist auf Kaliummangel zurückgehen, damit zu begegnen. Sie werden keinen Kaffee oder andere Aufputschmittel mehr nötig haben.
Übrigens sind auch Linsen, Bohnen, Erbsen, Meeresalgen, Avocados, Datteln und Rosinen äußerst kaliumreich.

Untersuchungen des Österreichers J. Jagic zeigen, daß der regelmäßige Verzehr von Äpfeln helfen kann, den Blutdruck zu normalisieren. Verantwortlich dafür ist die entwässernde Wirkung des Kaliums und anderer Bestandteile des Apfels.
Mit der Auflösung überschüssiger Wasseransammlungen im Körper verläßt auch das zuviel vorhandene Kochsalz den Organismus. Bei kochsalzempfindlichen Menschen ist oft ein zu großer Kochsalzverzehr schuld an ihrem hohen Blutdruck.

Verkalkungen vorbeugen

Machen Sie einmal den Eierschalentest. Legen Sie Eierschalen in ein leeres Konservenglas, füllen Sie es mit Apfelessig auf, so daß die Eierschalen ganz bedeckt sind, und schrauben Sie den Deckel zu. Nach einigen Tagen werden Sie sehen, daß die Eierschalen verschwunden sind und nur das Häutchen übrig bleibt. Das Kalzium in den Kalkschalen löst sich im Essig. Diese Beobachtung läßt möglicherweise darauf schließen, daß auch Kalkablagerungen in unseren Blutgefäßen unter Einfluß von Essig abgebaut werden können.
Solche Ablagerungen bilden sich bevorzugt an Mikroverletzungen der Gefäßinnenwände. Sie werden beispielsweise von dem Aminosäureabbauprodukt Homozystein verursacht, das vermehrt nach zu üppiger Eiweißkost ins Blut gelangt. Über den Miniwunden, die die Homozysteinmoleküle den Adern zufügen können, bilden Blutgerinnungsstoffe Wülste, die zu einem hohen Prozentsatz aus Cholesterin und Kalzium bestehen, und die mit der Zeit so groß werden können, daß sie den gesamten Blutfluß blockieren. Da schießt der körpereigene Reparaturbetrieb dann weit über sein Ziel hinaus und erzeugt eine ernsthafte, im schlimmsten Fall tödliche Erkrankung, die Arteriosklerose. Doch wie man an den Eierschalen sieht, kann gerade das Kalzium im Essig aufgeweicht und schließlich gänzlich darin gelöst werden.
Ob das allerdings auch im Inneren unserer Blutgefäße gilt, wohin die verdaulichen Bestandteile des Essigs ja erst nach der Verarbeitung im Dünndarm gelangen, ist aus medizinischer Sicht nicht leicht zu beurteilen.

Apfelessig hilft in vielfacher Hinsicht gegen vorzeitiges Altern. Es gibt viele Hinweise, daß er auch der Gefäßverkalkung vorbeugen kann.

Nach D.C. Jarvis jedenfalls, dem Begründer der Apfelessigtherapie, werden durch die natürliche Säure und das Kalium, das sie enthält, eventuelle Ablagerungen von Kalzium wieder aufgelöst. So bleiben die Blutgefäße frei von Kalziumablagerungen.

Mit Apfelpektin gegen Cholesterin

Der Pektingehalt des Apfels wird schon lange zum Gelieren von Fruchtsäften und Marmeladen genutzt. Daß Pektin auch bei zu hohem Cholesterinspiegel helfen kann, dürfte gerade in unserer Zeit von Interesse sein.

Fest steht: Apfelessig enthält wie die Äpfel den Ballaststoff Pektin, einen an sich unverdaulichen Nahrungsbestandteil, der aber wie alle Ballaststoffe die Verdauung in Schwung hält und viele nützliche Funktionen erfüllt.
Pektin senkt beispielsweise den Cholesterinspiegel, genauer gesagt das schädliche LDL-Cholesterin. Pektin bindet aus Cholesterin aufgebaute Gallensäuren. Da die Gallensäuren aber für die Fettverdauung vonnöten sind, müssen die Gallensäuren irgendwie anders zur Verfügung gestellt werden. Dazu holt sich der Körper Cholesterin aus dem Blut und wandelt es in Gallensäuren um. Dieser Effekt des Pektins wirkt sich direkt auf den Zustand unserer Blutgefäße aus: Wenn weniger Cholesterin im Blut ist, ist auch weniger Material für Ablagerungen an den Gefäßinnenwänden vorhanden, und die Fließfähigkeit des Blutes verbessert sich zusätzlich.

Erfahrungsberichten zufolge steigern sich durch Apfelessiggaben die Konzentrationsfähigkeit, das Gedächtnis, die Vitalität, das Wärmegefühl im Körper, die Fitneß im ganzen und alle Funktionen, die von einer besseren Durchblutung abhängen.

Das Pektin im Apfel

- Pektin senkt das Risiko, Kreislaufstörungen zu bekommen und vorzeitig unter Adernverkalkung zu leiden.
- Zudem verbleibt Pektin länger im Körper als andere Ballaststoffe, weil es wasserlöslich ist und nicht wie hartfaserige Ballaststoffe direkt ausgeschieden wird; Pektin kann sozusagen länger Dienst tun als andere Ballaststoffe.

Neue Forschungen zum Cholesterinproblem

Die Universitätsklinik von Wien veröffentlichte im Jahr 1991 eine Studie über die Wirkung des Apfelpektins auf den Cholesterinspiegel. Sechs Wochen lang wurden Patienten aller Altersgruppen, die einen zu hohen Cholesterinspiegel aufwiesen, mit einem Ballaststoffpräparat aus isoliertem Apfelpektin behandelt.
Das Ergebnis: Das gute Cholesterin, das HDL-Cholesterin, erhöhte sich leicht, wohingegen das schlechte Cholesterin, das LDL-Cholesterin, das für Adernverkalkung und trägen Blutfluß verantwortlich ist, um bis zu 30 Prozent zurückging.

Mit Beta-Karotin gegen freie Radikale

Freie Radikale treten mit zunehmender Umweltbelastung vermehrt auf. Deshalb ist es heute besonders wichtig, etwas zu ihrer Abwehr zu tun.

Freie Radikale sind aggressive Substanzen, die unsere Zellen angreifen. In erster Linie sind Umweltgifte, die wir einatmen oder mit der Nahrung aufnehmen, für die Bildung freier Radikale im Körper verantwortlich. Chemisch-physikalisch gesehen handelt es sich dabei um ungesättigte Moleküle, denen ein Elektron fehlt. Um diesen Mangel auszugleichen, entreißen sie Molekülen innerhalb von Zellen Elektronen und verwandeln diese Moleküle dann ihrerseits in freie Radikale. Auf diese Weise pflanzen sich Zellschäden von Zelle zu Zelle fort und führen in einem ersten Schritt zu einer Art Ranzigwerden des Gewebes. Bei andauernder Beeinträchtigung können vorzeitige Alterserscheinungen, Störungen des Immunsystems, Herzkrankheiten, grauer Star (Katarakt) und auch Krebs entstehen.
In Dutzenden von wissenschaftlichen Studien wurde nachgewiesen, daß den freien Radikalen mit sogenannten Antioxidantien beizukommen ist, zu denen das Beta-Karotin gehört. Es ist im Apfelessig enthalten und gilt als eines der wirkungsvollsten Antioxidantien.
Zudem ist das Beta-Karotin im Apfelessig leichter verdaulich als das Beta-Karotin in anderen Nahrungsmitteln. Wer regelmäßig Apfelessig und damit Beta-Karotin zu sich nimmt, beugt Schäden vor, die freie Radikale im Organismus anrichten können. Freie Radikale rühren vor allem von Umweltbelastungen her, denen wir heutzutage verstärkt

Leider kann man nicht in jedem Fall zum Auskochen von Knochen raten, um den Kalziumgehalt einer Brühe zu erhöhen. Die allgemeine Verseuchung mit Umweltgiften hat auch vor den Rindermarkknochen nicht haltgemacht. Es hat sich gezeigt, daß sie manchmal den Giftstoff Blei enthalten, was dann beim Auskochen in die Suppe gelangen kann. Zusätzlich ist immer noch nicht genau geklärt, ob der Rinderwahn BSE über Knochenmark übertragen werden kann.

ausgesetzt sind. Daher ist der Rat, eine Apfelessigkur zu machen, mittlerweile noch mehr wert als zu Großmutters Zeiten. Nebenbei sei erwähnt, daß die Leber Beta-Karotin zum Teil zu Vitamin A umbaut, weshalb man Beta-Karotin auch als Provitamin A bezeichnet.

Kalzium, ein wichtiger Baustoff des Körpers

Von allen Mineralien ist Kalzium am häufigsten im menschlichen Körper vertreten, da es für die Knochen- und Zahnbildung nötig ist und nicht wie viele andere Mineralien nur in Spurenelementen vom Organismus benötigt wird.
Etwa fünf Kilogramm wiegt das Skelett eines erwachsenen Menschen. Ein Kilogramm davon ist Kalzium. Etwa zehn Gramm Kalzium befinden sich aber auch in Muskeln, Blut und Organen. Es ist wichtig für die Funktionstüchtigkeit der Muskulatur und der Nerven, für die Herztätigkeit und für die Blutgerinnung.

Kalziumquellen in der Nahrung

Inwieweit der Körper Kalzium aus der Nahrung beziehen kann, hängt davon ab, in welcher »Verpackung« ihm das Kalzium angeboten wird. Enthält ein kalziumhaltiges Nahrungsmittel beispielsweise viel Oxalsäure wie Spinat, Kakao oder Rhabarber, kann der Darm das Kalzium nicht ausreichend herauslösen und aufnehmen (resorbieren).
Am leichtesten gewinnt der Körper Kalzium aus Milch oder Milchprodukten. Und gerade darin liegt ein Problem. Viele Menschen neigen mit zunehmendem Alter dazu, den Milchzucker (Laktose) in Milch oder Milchprodukten nicht mehr zu vertragen. Sie reagieren darauf mit Verdauungsstörungen wie beispielsweise Blähungen, Durchfall oder Bauchkrämpfen. Somit bleibt ihnen eine der besten Kalziumquellen verschlossen.
Bei normaler Ernährungsweise nehmen die meisten älteren Menschen nur etwa die Hälfte der Kalziummenge auf, die der Körper benötigt. Das sind etwa 400 Milligramm und nicht wie empfohlen 800 Milligramm am Tag.

Eine Unterversorgung mit Kalzium zwingt den Körper, Kalzium aus den Knochen zu lösen, um die kalziumabhängigen Funktionen aufrechtzuerhalten.
Die Folge: Die Knochen werden porös, dünner und brüchiger. Die als Osteoporose bekannte Krankheit mit all ihren unangenehmen Folgen stellt sich ein.

Mit Apfelessig gegen Osteoporose

Dem kann man mit Apfelessig vorbeugen. Apfelessig enthält Zitronensäure, die das im Apfelessig enthaltene Kalzium leicht verdaulich macht und seine Resorption wesentlich verbessert. Und damit erhöht der Apfelessig auch die Resorptionsfähigkeit von Kalzium in Nahrungsmitteln, denen er beigemengt wird.
Durch einen Schuß Apfelessig läßt sich übrigens auch der Kalziumgehalt einer Brühe anreichern, in der Suppenknochen ausgekocht werden. Der Apfelessig entzieht den Knochen Kalzium. Schon zwei Eßlöffel Apfelessig auf einen halben Liter Brühe mit Knochen erhöht den Kalziumgehalt der Brühe erheblich, und zwar bis zu einer Kochzeit von zwei Stunden. Danach löst sich kein zusätzliches Kalzium mehr aus den Suppenknochen.

Testen Sie Ihr Kalziumpräparat

- Übergießen Sie eine Kalziumtablette mit etwa 100 Milliliter Apfelessig
- Lassen Sie das Gemisch bei normaler Zimmertemperatur eine halbe Stunde lang stehen und rühren es im Abstand von fünf Minuten einmal durch
- Hat sich die Tablette in der Zeit nicht aufgelöst, kann das darin enthaltene Kalzium aller Wahrscheinlichkeit nach nicht richtig vom Körper aufgenommen werden. Sie sollten dann auf ein anderes Präparat ausweichen
- Hat Ihr Präparat den Test bestanden, ist es darüber hinaus hilfreich, das Kalzium in Verbindung mit etwas Apfelessig einzunehmen. So ist eine optimale Resorption im Darm gewährleistet

Die meisten Ärzte verordnen ihren Patienten zur Vorbeugung oder Behandlung von Osteoporose als begleitende Maßnahme Kalziumpräparate aus der Apotheke. Doch nicht alle Kalziumpräparate werden vom Darm gleich gut aufgenommen. Um die Wirksamkeit eines solchen Präparats zu testen, können Sie einen kleinen Versuch mit Apfelessig (nach Emily Thacker) machen.

Den Stoffwechsel ankurbeln

Der britisch-deutsche Biochemiker Hans Adolf Krebs (1900–1981) belegte mit seinen Forschungen zum Zitronensäurezyklus die Bedeutung der Essigsäure für den menschlichen Stoffwechsel.

Hans Adolf Krebs, der 1953 den Nobelpreis für die Erforschung des Zitronensäurezyklus im menschlichen Körper erhielt, hat erkannt, daß unser Stoffwechsel ohne Essigsäure nicht funktionieren würde. Fast alle Stoffwechselvorgänge, z. B. die chemische Umwandlung von Nahrung in körpereigene Stoffe, bringen als Zwischenprodukt Essigsäure hervor. Ohne die Mitwirkung von Essigsäure könnten wir beispielsweise weder Fette noch Kohlenhydrate verdauen und somit gar nicht leben. Bis zu 100 Gramm Essigsäure pro Tag benötigt ein Mensch für all seine Stoffwechselvorgänge.

Essig bringt unseren Stoffwechsel erst richtig in Schwung. Die regelmäßige Einnahme von Essig kurbelt unsere Verdauung an und hilft, die mit der Nahrung aufgenommenen Fettsäuren besser zu verwerten und die Energiegewinnung aus Kohlenhydraten (Zucker, Stärke) zu erleichtern.

Essig regt den Speichelfluß an

Damit die Versorgung mit Essigsäure in ausreichender Menge jederzeit gewährleistet ist, stellt der Körper sie selbst her. Essigsäure ist somit auch ein körpereigenes Produkt und nicht nur ein Lebensmittel.

Die stoffwechselanregende Wirkung von Essig spürt man schon auf der Zunge. Der saure Essiggeschmack läßt einem regelrecht das Wasser im Mund zusammenlaufen, was nichts anderes bedeutet, als daß vermehrt Speichel produziert wird.

Der Speichel hat zwei wichtige Aufgaben, und seine Bedeutung für die gesamte Verdauungsarbeit wird oftmals unterschätzt. Speichel soll die Nahrung verflüssigen, damit sie leichter durch unseren Verdauungstrakt gleiten kann. Und Speichel enthält Amylasen, das sind Enzyme, die schon im Mund beginnen, Stärke in ihre Bausteine, in sogenannte Einfachzucker, zu zerlegen. Nur in Form von Einfachzuckern kann der Dünndarm die Stärke aufnehmen und dem übrigen Organismus zuführen. Der wichtigste Einfachzucker ist Traubenzucker (Glukose). Ohne Traubenzucker könnten wir nicht leben. Traubenzucker liefert die Energie, die wir für unsere Körperfunktionen brauchen. Wer lange kaut und die Nahrung richtig einspeichelt, tut sich also wirklich etwas

Gutes. Und wer darüber hinaus die Speichelproduktion durch etwas Essig vor dem Essen oder in den Speisen anregt, hilft dem Körper bei der Verwertung von stärkehaltigen Lebensmitteln wie Brot, Mehl, Kartoffeln, Mais oder Reis.

Richtige Kochsalzversorgung

Nach heutigem Wissen ist zu viel Kochsalz (Natriumchlorid) eindeutig schädlich für den Menschen. U.a. bindet es, im Übermaß genossen, zu viel Wasser im Organismus, behindert damit die Entgiftungsarbeit des Körpers und kann insbesondere bei älteren Menschen den Blutdruck gefährlich erhöhen. Nun zeigen aber Erfahrungsberichte, daß mit Apfelessiggaben über ein, zwei Monate hinweg beispielsweise »knarzende Gelenke« wieder reibungslos funktionieren. Eine mögliche Erklärung für das Knarzen wurde in einem Mangel an kleinsten Dosen von Kochsalz im Organismus gefunden.

Da tut sich natürlich ein Widerspruch auf. Die meisten essen zu viel Kochsalz (einige Gramm pro Tag wären mehr als genug), und trotzdem haben sie dieses Gelenkproblem. Die Auflösung dieses Wiederspruchs formulierte Cyril Scott: »Salz in isolierter Form hat eine völlig andere Wirkung als Salz, das in Verbindung mit anderen Mineralien in ausgewogener Dosis, so wie es die Natur liefert, zugeführt wird. Daher, so unglaublich das klingen mag, kann ein Mensch an Salzmangel leiden, während er Salz in großen Mengen zu sich nimmt.«

Eine Überversorgung des Körpers mit bestimmten Stoffen kann genauso schädlich sein wie eine Mangelsituation. Es ist notwendig, dem Körper alle Stoffe in einer verwertbaren Form darzureichen und das physiologische Gleichgewicht nicht zu stören.

Die Mischung ist entscheidend

Über viele einzelne Inhaltsstoffe im Apfelessig liegen wissenschaftliche Untersuchungen vor. Worauf es aber ankommt, ist, eine natürliche Mischung von Mineralien, Spurenelementen, Vitaminen und anderen Inhaltsstoffen in unserer Nahrung zu beachten. Eine optimale Mischung scheint aller Erfahrung nach im Apfelessig und in mit Apfelessig gewürzten Speisen gegeben zu sein. Das Kochsalz, das wir auf diese Weise zu uns nehmen, ist uns offensichtlich wesentlich zuträglicher als reines Tafelsalz.

Über viele einzelne Inhaltsstoffe im Apfelessig liegen wissenschaftliche Untersuchungen vor, die diesen Stoffen eine eindeutig positive Wirkung auf den menschlichen Organismus bescheinigen. Die wissenschaftliche Forschung steht aber vor fast unlösbaren Schwierigkeiten, wenn die Wechselwirkungen vieler Inhaltsstoffe gleichzeitig zu berücksichtigen sind.

Spektakuläre Forschungsergebnisse

▶ Eine Fachzeitschrift für Ärzte (Medical Journal of Australia) berichtete, daß sich Essig als Soforthilfe bei Quallenstichen bestens bewährt hat.

Die Berührung mit den Tentakeln einer Nesselqualle kann starke Schmerzen, Übelkeit und manchmal einen Kollaps hervorrufen.

In Australien sterben mehr Menschen an Quallenstichen als beispielsweise infolge von Haiattacken. Wer zum Baden am Meer ein Fläschchen Essig mitnimmt, ist gegen das Schlimmste gewappnet. Bis der Arzt eintrifft, die betroffenenen Hautstellen unverzüglich mit unverdünntem Essig abtupfen.

▶ Neueste Forschungen haben ergeben, daß Apfelessig eine Substanz enthält, die für das Wachstum des Mutterkuchens (Plazenta) während der Schwangerschaft nötig ist.

Über den Charakter dieser Substanz ist man sich noch nicht im klaren. Es könnte sich dabei um ein bisher unbekanntes Vitamin handeln.

Jedenfalls macht es die Vorliebe schwangerer Frauen für essigsaure Speisen verständlich.

▶ Nach einer amerikanischen Studie von Ancel Keys hält der Verzehr von einem Apfel vor dem Schlafengehen den Blutzuckerspiegel auf einem Niveau, das eine störungsfreie Nachtruhe ermöglicht.

▶ Viele Ärzte empfehlen Schwimmern, die häufig unter Ohreninfektionen leiden, Essigspülungen.

Nach dem Schwimmen sollten Sie die Ohren mit einer Mischung aus abgekochtem Wasser und Essig auswaschen.

Das desinfiziert und beugt Entzündungen vor.

▶ Die japanische Apothekerzeitschrift »Journal of Pharmacology« veröffentlichte den Hinweis, daß Essig unter Umständen vor Magengeschwüren schützen kann, die auf Alkoholmißbrauch zurückgehen.

Auch wenn dieser Problemkreis noch nicht hinreichend erforscht ist, verdichtet sich die Auffassung, daß der Essig die Magensaftproduktion in einer Weise anregt, die ihn vor Alkoholschäden bewahrt.

Essig als Konservierungsmittel

Lebensmittel natürlich haltbar machen

Das älteste Mittel, verderblichen Speisen Haltbarkeit zu verleihen, ist Kälte. Schon unsere Vorfahren aus dem Neandertal haben vermutlich ihre Jagdbeute damit frischgehalten, in kalten Höhlen oder den Winter über in gefrorenem Zustand. Die Kälte lähmt Mikroorganismen, vor allem Fäulnisbakterien oder Schimmelsporen, ihr zerstörerisches Werk zu tun. Und bei steigenden Minusgraden sterben solche Mikroben ganz ab. Dies nutzen wir heute bei der Tiefkühlkost.

Essig wirkt keimtötend

Wie die Kälte, vernichtet auch Essig Mikroorganismen, die unsere Eßwaren verschimmeln oder faulen lassen. Der saure Essig läßt bei allem Eingemachten den Säuregehalt ansteigen, was die Kleinstlebewesen, Keime und Sporen, abtötet oder unschädlich macht. Viele davon sind auf ein fein abgestimmtes Säure-Basen-Gleichgewicht angewiesen und können in dem sauren Milieu des Essigs nicht überleben.
D.C. Jarvis veranschaulichte das mit folgendem Beispiel: Er übergoß einen Regenwurm – in der Bauart vielen Parasiten in unserem Darm oder in verderblichen Eßwaren vergleichbar – mit Essig und stellte fest: »In wenigen Sekunden hat der Essig sein Leben vernichtet.« Genauso zerstört Obstessig die schädlichen Bakterien in den Verdauungsorganen des Menschen und darüber hinaus Fäulnisbakterien und andere Kleinstlebewesen, die unsere Lebensmittel schlecht werden lassen.
Es ist übrigens nicht allein die Essigsäure, die Speisen haltbar macht, sondern auch das Tannin im Apfelessig. Außerdem enthält Apfelessig Propionsäure, die ebenfalls konservierende Eigenschaften besitzt.
In vielen wissenschaftlichen Versuchen wurde die konservierende Wirkung von Apfelessig bestätigt. Dieser Effekt des Essigs ist auch jedem Essiggurkenliebhaber hinlänglich bekannt. In Essig eingelegte Gurken halten im Normalfall mehrere Monate, bei optimalem Verschluß bis zu einigen Jahren.

Der natürliche Konservierungsstoff Tannin quillt aus den zerquetschten Zellwänden von Äpfeln, die gerade zu Saft oder Most verarbeitet werden. Tannin sorgt auch für die goldgelbe Färbung von zerschnittenen Äpfeln oder von Apfelsaft. In Kontakt mit Luft entwickelt es die typische Gärbräune.

Drei Konservierungsstoffe im Apfelessig

▶ Essigsäure ▶ Tannin ▶ Propionsäure

Apfelessig enthält Propionsäure, die konservierende Eigenschaften besitzt. Propionsäure wird auch künstlich hergestellt. Sie kommt dann bei der Lebensmittel- und Tierfutterkonservierung zum Einsatz.

Einmachen mit Essig

Das Konservieren mit Essig ist so einfach, daß Sie sich auch einmal selbst ans Einmachen wagen können. Eine persönliche Geschmacksnote ist dabei garantiert. Außerdem enthält selbst Eingemachtes garantiert keine künstlichen Konservierungsstoffe.

▶ Wählen Sie zum Einmachen immer knackigfrisches Gemüse. Besonders geeignet sind: Gurken, Zwiebeln, Maiskölbchen, Bohnen, Blumenkohl, Rosenkohl, Spargel, Karotten, Schalotten, Champignons oder Auberginen.

▶ Waschen und putzen Sie das Gemüse und zerkleinern Sie es: Karotten in Scheibchen, Champignons und Bohnen halbieren, Blumenkohl in Röschen teilen etc.

▶ Kochen Sie das Gemüse auf die übliche Weise in etwas Salzwasser bißfest (Einmachsalz). Spezielle »Essiggurken« muß man nicht kochen. Anschließend mit kaltem Wasser abschrecken. (Gurken können Sie halbieren oder in Scheiben schneiden und schichtweise in ein Gefäß legen. Jede Schicht nach Belieben würzen und vor allem salzen, aber mit speziellem Einmachsalz ohne Jod oder sonstige Zusätze. Solche Zusätze verfärben das Eingemachte. Übergießen Sie die Gurken knapp mit kaltem Wasser und lassen Sie sie über Nacht stehen. Am nächsten Morgen das Wasser abgießen und wie üblich weiterverfahren.)

▶ Schichten Sie das Gemüse wechselweise in Gläser mit Schraubverschlüssen.

▶ Fügen Sie dem Salzwasser, in dem Sie das Gemüse gekocht haben, Essig, eventuell etwas Wein, Zucker und Gewürze hinzu, lassen Sie das Ganze kurz aufkochen. Der Zucker hat ebenfalls konservierende Wirkung und dämpft den sauren Geschmack des Essigs. Als Gewürze eignen sich: Senfkörner, Knoblauch, Basilikum, Dill, Oregano, Pimentkörner, Meerrettich, Estragon, Lorbeerblätter, Nelken, Pfefferkörner.

▶ Gießen Sie die heiße Marinade über das Gemüse in den Gläsern.
▶ Verschließen Sie die Schraubgläser, und lassen Sie sie noch etwa fünf Minuten verkehrtherum auf dem Deckel stehen. Bis zum Verzehr sollten Sie sich noch etwa drei Wochen lang gedulden.

Essig desinfiziert

In Essig lassen sich Lebensmittel gut konservieren, weil er Fäulnisbakterien und andere Kleinstlebewesen abtötet, die gelagerte Speisen mit der Zeit ungenießbar machen. Genauso vernichtet Essig auch eine Reihe von mikroskopisch kleinen Krankheitserregern, die unsere Haut, den Rachen, die Atmungsorgane, die Blase oder den Verdauungsapparat befallen können. Schon vor fast 2500 Jahren setzte der griechische Heilkundige Hippokrates Essig als keimtötendes Mittel ein, um Wunden oder Darminfektionen zu behandeln. Auch Soldaten versorgten früher ihre Verletzungen mit essiggetränkten Tüchern, um keinen »Wundbrand« zu bekommen.

Essig wirkt zum einen antiseptisch, d.h. die Essigsäure im Essig macht viele Arten von Bakterien, Viren und andere Krankheitserreger unschädlich. Zum zweiten wirkt Essig antibiotisch, d.h. die speziellen Bakterien, die im Essig enthalten sind, haben die Eigenschaft, eine Reihe von Krankheitserregern zu attackieren und abzutöten.

Natürlich gilt dies nur in engen Grenzen. Gegen ernste Infektionskrankheiten wie Typhus, Masern oder Malaria kann auch der Essig nichts ausrichten. Allerdings liegen noch keinerlei wissenschaftliche Studien darüber vor, inwieweit im Vorfeld einer solchen Erkrankung, also bei der Ansteckung mit den entsprechenden Erregern, mit Essig etwas zu bewirken ist.

Zumindest ist überliefert, daß es zu Zeiten der Pest in Europa regelrechte »Essigdiebe« gab. Das waren Räuber, die sich von Kopf bis Fuß mit Essig eingerieben hatten, um bei einem Einbruch ins Haus eines Pestkranken oder eines an Pest Verstorbenen nicht angesteckt zu werden. Inwieweit sie auf diese Weise eine Ansteckung vermieden, kann kaum mehr überprüft werden. Tatsache ist aber, daß sie wohl aus Erfahrung wußten, was sie vor dem Schwarzen Tod bewahren konnte.

Die desinfizierende Wirkung von Essig wird seit jeher beim Putzen genutzt: Geschirr, Küchenbrettchen, Herd, Mülleimer, Möbel, WC, Wäsche u.v.a.m. werden durch Spülen oder Abreiben mit einer Essiglösung sauber und weitgehend keimfrei.

Vorbeugung und Behandlung mit Essig

- Halsweh (gurgeln)
- Rachenentzündungen (gurgeln)
- Zahnfleischentzündungen (gurgeln)
- Bakterielle Nieren- und Blasenentzündungen (einnehmen)
- Reizhusten (inhalieren oder etwas aufs Kopfkissen geben)
- Leichte Darminfektionen (einnehmen)
- Juckende Hämorrhoiden (mit getränktem Tuch auftragen)
- Ohrenentzündungen (spülen, Dampfbad)
- Erkältungen (essiggetränkte Brustwickel)
- Wunden (einnehmen und auftragen)
- Körpergeruch (einreiben)
- Hautentzündungen (auftragen)
- Fußpilz (auftragen und Socken in Essig waschen)

Mit Essig gegen Darmgifte

Über Darmprobleme redet man wenig. Die Hektik und die ungünstigen Ernährungsgewohnheiten des heutigen Lebens tragen aber mit dazu bei, daß immer mehr Menschen mit diesem Thema zu tun haben.

Die Fähigkeit des Essigs, Fäulnisbakterien abzutöten, kann nicht hoch genug eingeschätzt werden. Möglicherweise handelt es sich dabei um die wichtigste Eigenschaft des Essigs, was unsere Gesundheit anbelangt. Genauso wie Lebensmittel unter dem Einfluß von Fäulnisbakterien faulen und ungenießbar werden, können Speisen und Getränke auch in unserem Darm regelrecht verfaulen. Verantwortlich dafür sind ebenfalls Fäulnisbakterien, die sich in einer ungesunden Darmflora verstärkt bilden können.

Darmproblemen auf der Spur

Die meisten, die jetzt sagen, »Das trifft auf mich nicht zu, meine Verdauung ist in Ordnung«, täuschen sich leider. Schon gelegentliche Verstopfungen, Durchfälle, Blähungen, Bauchschmerzen, unregelmäßige Stuhlgänge und ungewöhnlich geformter oder stark riechender Stuhl deuten darauf hin, daß im Darm etwas nicht stimmt.

Auch eine ganze Reihe von kleineren oder größeren Beschwerden, die man gemeinhin nicht mit Verdauungsproblemen in Verbindung bringt, können auf ungesunde Darmverhältnisse zurückgeführt werden. Dazu gehören: Hautprobleme wie Pickel, Furunkel oder Schweißausbrüche, verklebte Augen, Gerstenkörner, Blasenbeschwerden, Kopfschmerzen, Gelenkentzündungen, Gicht, Ischiasschmerzen, depressive Verstimmungen, Übellaunigkeit u.v.a.m. All das kann auf einer schleichenden Selbstvergiftung aus dem Darm heraus beruhen.

Wenn man den Darm regelmäßig überfordert, werden die Darmwände mit der Zeit träge. Der Weitertransport der Darmfüllung verlangsamt sich, und zwischen den zahllosen, mikroskopisch kleinen Darmzotten bilden sich zum Teil hartnäckige Ablagerungen. Und da der Darm mit all seinen Windungen ja sieben bis acht Meter lang ist, kommt es so zu einer beträchtlichen Menge von »Darmschmutz«, wie es der österreichische Arzt F. X. Mayr nannte, der sein Lebenswerk der Behandlung von Verdauungsstörungen widmete.

Dieser »Darmschmutz« ist ein wahres Paradies für Fäulnisbakterien. Sie sind an der Entstehung von Gärungsgiften wie Methanol, Butanol, Propanol und anderen Fuselalkoholen beteiligt, die einem erst die Laune und später langsam den gesamten Körper vergiften können.

Zuviel auf einmal oder zu häufiges Essen kann den Darm überfordern, ebenso schweres Essen zu spät am Abend. Denaturierte Speisen, die zu wenig natürliche Ballaststoffe enthalten, wie Süßigkeiten, Weißmehle oder auch Alkohol, führen zur Überlastung des Darms.

Verdauung natürlich regeln

Wer regelmäßig Apfelessig zu sich nimmt, kann dem in mehrfacher Weise gegensteuern. Der Essig greift die Fäulnisbakterien und auch andere schädliche Darmbewohner direkt an. Schon nach ein paar Tagen verzeichnen viele »Essigtrinker« beispielsweise, daß unangenehme Stuhlgerüche und Blähungen verschwinden. Dies ist ein Hinweis darauf, daß die Giftproduktion im Darm zurückgegangen ist und ein gesünderes Verdauungsmilieu hergestellt wurde. Darüber hinaus mindert der Genuß von Essig Hungergefühle. Und der Essig regt den gesamten Stoffwechsel an und fördert die Produktion von Verdauungsenzymen. Somit erweist sich Apfelessig als ein natürliches und zudem nebenwirkungsfreies Mittel, einer Darmüberforderung mit ihren zum Teil sehr ernsten gesundheitlichen Folgen vorzubeugen.

Honig und Apfelessig sind die idealen Partner.

Einige Apfelessighersteller bieten gleich fertig gemixte Apfelessig-Honig-Mischungen an und preisen sie zurecht als »Muntermacher« oder »Powerdrink«.

Apfelessig als Heilmittel

Apfelessig und Honig, das Gesundheitselixier

Apfelessig und Honig ergänzen sich auf das beste. Der Honig mildert den säuerlichen Geschmack des Apfelessigs und ist zudem reich an Vitaminen, Mineralstoffen, Spurenelementen, Enzymen und antibakteriellen Substanzen. Viele traditionelle Anwendungsbereiche für Apfelessig wie Verdauungsstörungen, Erkältungen, Husten oder Erschöpfungszustände gelten auch für den Honig. Was liegt da näher, als beides zusammenzumischen.

Der Vater der Apfelessigtherapie, D. C. Jarvis, empfiehlt für die allgemeine Gesundheit und ein langes Leben, dem täglichen Apfelessiggetränk (zwei Teelöffel Apfelessig in einem Glas Wasser verrührt) auch einen bis zwei Teelöffel Honig zuzugeben. Außerdem schätzt Dr. Jarvis den Honig als »wahrhaft vollkommenes Nahrungsmittel« und empfiehlt ihn zu Heilzwecken als Schlaf- und Hustenmittel, bei Verbrennungen, Erkrankungen der Atemwege, bei Stirnhöhlenkatarrh, Heuschnupfen und Muskelkrämpfen.

Die gesundheitsfördernde und keimtötende Wirkung von Honig macht jedes Apfelessig-Honig-Getränk zu einem echten Gesundheitselixier.

Die antibakterielle Wirkung des Honigs

In den Honig gehen alle Inhaltsstoffe des natürlichen Blütennektars über. U. a. finden sich im Honig Vitamin C, mehrere Vitamine der B-Gruppe, Ameisen-, Apfel-, Essig- und Zitronensäure, die Mineralstoffe

Kalium, Kalzium, Eisen, Kupfer, Mangan, Phosphor und Magnesium. Inhibine nennt man diejenigen Inhaltsstoffe des Honigs, die Bakterien unschädlich machen.
Vor allem verleiht das Kalium dem Honig eine keimtötende Wirkung. Das Kalium wirkt entwässernd und trocknet Bakterien regelrecht aus. Wenn man beispielsweise Typhuserreger, Ruhrbakterien, Darmbakterien oder solche, die eine Lungenentzündung hervorrufen, auf reinen Honig setzt, gehen sie innerhalb von Stunden oder spätestens nach einigen Tagen ein.
Dies soll natürlich nicht heißen, daß man Krankheiten, die diese Bakterien verursachen, mit Honig behandeln könnte. Im Gegenteil: Bei solchen ernsten Beschwerden helfen normalerweise nur starke Medikamente. Es zeigt aber, daß der Honig eindeutig keimtötende Wirkung hat und unseren Organismus vor allerlei lästigen und manchmal vielleicht auch gefährlichen Krankheitserregern schützen kann.

Man kann übrigens relativ sicher sein, daß Honig aus deutschen Landen absolut naturbelassen und frei von jeglichen Zusätzen ist. Nach der Honigverordnung vom 13.12.1976 sind Zusätze aller Art verboten.

Honig – der naturreine Energiespender

- Der Grundstoff des Honigs ist Blütennektar. Nektar besteht zu einem Großteil aus Zucker, und Zucker ist neben Stärke (Mehrfachzucker) unser wichtigster Energielieferant, sozusagen Energie pur. Allerdings muß normaler Zucker (Saccharose) von unseren Verdauungsenzymen erst in Einfachzucker (Fruktose; Glukose) aufgespalten werden, um vom Organismus verwertet werden zu können.
- Diese Aufspaltung in Einfachzucker ist beim Honig bereits vollzogen. Wenn die Bienen Blütennektar gesammelt haben, wandeln sie den darin enthaltenen Zucker in ihrem Honigmagen mit speziellen Enzymen in Fruchtzucker (Fruktose) und Traubenzucker (Glukose) um. Somit übernehmen die Bienen praktisch einen Teil unserer Verdauungsarbeit, was den Honig so überaus bekömmlich macht.
- Die Energie, die im Honig steckt, kann direkt vom Körper aufgenommen werden. Das spürt jeder, der bei Erschöpfung einen Löffel davon ißt. Schon nach wenigen Minuten fühlt man sich erfrischt und mit neuer Tatenkraft ausgestattet.

Honig für den Vitaminhaushalt

Von dem Propheten Mohammed ist überliefert, daß er jeden Morgen als erstes ein Glas Wasser mit Honig zu sich nahm. Er soll gesagt haben: »Wenn jemand Honig ißt, dann betreten tausend Heilmittel seinen Magen, und eine Million Krankheiten verläßt ihn.«

Bei der Zuckerverwertung im Körper sind eine Reihe von Vitaminen und anderen Stoffen nötig, die der Honig gleich mitliefert. Das unterscheidet ihn von sogenannten leeren Kohlenhydraten wie Industrie- oder Haushaltszucker. Bei der Verdauung von Haushaltszucker müssen die nötigen Vitamine anderen Speisen oder körpereigenen Vitamindepots entzogen werden. Der Haushaltszucker ist deshalb – im Gegensatz zum Honig – ein ungesunder Vitaminräuber.

Honig in der asiatischen Heilkunde

In Asien wird Honig seit jeher als vollkommenes Nahrungsmittel und als wirkungsvolles Heilmittel geschätzt. Die Tibeter versuchen, allen Beschwerden, die mit starken Verschleimungen einhergehen, wie es

Die Naturheilkunde weiß um die wohltuenden und heilenden Wirkungen von Honig und Apfelessig für den Magen-Darm-Trakt. Sie helfen gegen Verstopfung, Durchfall und andere Verdauungsstörungen.

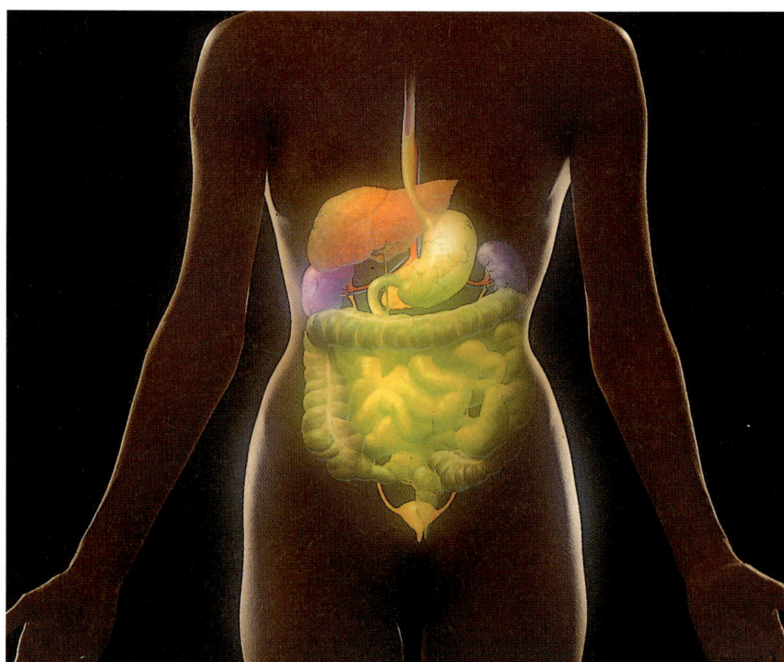

bei einer Bronchitis der Fall ist, mit Diäten beizukommen, die viel Honig enthalten und auf der anderen Seite möglichst sauer und leicht sind; Bedingungen also, die ein Apfelessiggetränk mit Honig auf jeden Fall erfüllen würde.

Für Atemwege und Verdauung

Nach der altindischen Ayurvedalehre soll man bei Husten, Bronchitis und Erkältungen heiße Milch mit Honig zu sich nehmen. Auch die Chinesen vertrauen auf Honig bei derartigen Beschwerden, vor allem, wenn einem ständig »die Nase läuft«. Gegen Verstopfung empfielt die chinesische Heilkunde zwei Eßlöffel Honig auf ein Glas mit abgekochtem Wasser, und die Heiler des vorderasiatischen Sufitums raten zu heißem Honigwasser bei Durchfall. Gegen Magen- und Darmkatarrh verabreicht man in Japan und China frischen Honig, dreimal täglich vor den Mahlzeiten. Die Ayurvedalehre sieht in Honig auch ein Mittel, wieder Klarheit im Bewußtsein zu schaffen, und rät bei Vergeßlichkeit und Konzentrationsstörungen, einen Teelöffel Honig mit etwas Kalmuswurzelpulver morgens und abends einzunehmen.
Die Wirksamkeit all dieser zum Teil jahrtausendealten Behandlungsmethoden kann auch naturwissenschaftlich ohne weiteres mit der keimtötenden Wirkung des Honigs oder mit seiner Eigenschaft als hervorragender Energiespender erklärt werden.

Honig ist nur dann gehaltvoll, wenn er nicht zu stark, d.h. über 60 °C, erhitzt wurde. Beim Kauf ist deshalb darauf zu achten, daß der Honig den Vermerk »kaltgeschleudert« oder »fermentreich« enthält. Auch Auslesehonig wurde sorgsam behandelt und ist zu empfehlen. Doch selbst der hochwertigste Honig wird durch Kochen, Backen oder sonstiges Erhitzen in der Küche qualitative Einbußen erleiden. Dasselbe gilt, wenn man ihn im Kühlschrank lagert.

Was Apfelessig kann und was nicht

Apfelessig ist ein althergebrachtes und in vielen Fällen wirksames Hausmittel aus der Volksmedizin. Und die Volksmedizin wirkt in erster Linie präventiv, d.h. sie bewahrt den Organismus davor, zu einem Nährboden für Krankheitskeime zu werden. Apfelessig, die trübe, säuerliche Flüssigkeit, die sogar Kinder gerne trinken, wird in Verbindung mit einer ausgewogenen Ernährung und aktiver Lebensweise sicherlich zur allgemeinen Gesunderhaltung des Körpers beitragen. Auf solche Weise gestärkt, kann der Körper Krankheiten leichter abwehren.

»Apfelessig ist nicht ein Heilmittel für bestimmte Leiden, sondern ein Förderer der Gesundheit an sich«, sagte Cyril Scott, einer der Vertreter der Apfelessigheilkunde.
Mit Hilfe von Apfelessig werden aber auch eine ganze Reihe leichterer Beschwerden wie Hustenreiz, Heiserkeit, Unregelmäßigkeiten bei der Verdauung oder Sodbrennen wieder ins Lot gebracht. In leichten Fällen oder bei beginnendem Unwohlsein kann man es zuerst einmal mit diesem bewährten Hausmittel versuchen. Man darf Cyril Scott beipflichten, der feststellte, daß Apfelessig »eine ganze Anzahl verschiedener Dinge aufs beste und ohne schädliche Nebenwirkungen tut«.
Apfelessig kann jedoch keine Wunder bewirken und ist schon gar kein Medikament, das man sich bei länger andauernden Störungen oder ernsthaften Erkrankungen selbst verordnet. Krankheiten gehören immer in die Behandlung eines Arztes. Von einer Selbstbehandlung durch Hausmittel ist bei ernsten Beschwerden und in allen Zweifelsfällen unbedingt abzuraten. Sie können jedoch, in Rücksprache mit Ihrem Arzt, die gesundheitsfördernde Einnahme des Apfelessigs durchaus weiterführen – ergänzend zur ärztlichen Therapie.

Die Anwendung

In sehr vielen Fällen wird Apfelessig als Getränk verwendet. Um spürbare Erfolge zu erzielen, sollten Sie den Apfelessig regelmäßig, mindestens vier Wochen lang, einnehmen.
Kurmäßig wird Apfelessig verwendet, indem Sie mindestens sechs bis acht Wochen lang morgens nach dem Aufstehen Ihr Apfelessiggetränk (nach dem folgenden Grundrezept) trinken. Der Aufwand ist gering, und Sie werden den belebenden Trank vielleicht bald nicht mehr missen wollen. Zur allgemeinen Verbesserung der Gesundheit wird empfohlen, diese Gewohnheit am besten lebenslang beizubehalten.

Mit einer Apfelessig-Wasser-Mischung können Sie auch gurgeln, inhalieren, die Haare spülen oder die Haut massieren usw. Wann man was macht, finden Sie unter »Anwendungen von A bis Z«, Seite 49ff, und »Apfelessig in der Körperpflege«, Seite 76ff.

Grundrezept

Man gibt zwei Teelöffel Apfelessig in ein Glas Wasser, fügt nach Belieben einen bis zwei Teelöffel Honig hinzu und genießt den Cocktail langsam und in kleinen Schlucken.

Zur allgemeinen Verbesserung der Gesundheit soll diese Mischung jeden Morgen vor dem Frühstück getrunken werden. Wer mag, kann je ein weiteres Glas zum Mittag- und Abendessen einnehmen. »Auf diese Weise erhält man die Säure, die Früchte, Blätter und Wurzeln dem Boden entnommen haben. Dieser Trank ist ein vorzügliches Stärkungsmittel, das vor der Mahlzeit, während derselben oder nachher eingenommen werden kann«, erklärt Dr. D.C. Jarvis.

Variationsmöglichkeiten

Wer das Apfelessiggetränk auf nüchternen Magen nicht so recht verträgt, sollte es nach dem Frühstück trinken. Auch die Beigabe von Honig macht es magenfreundlicher. Was die richtige Dosis betrifft, so können Sie, je nachdem, wie es Ihnen schmeckt und wie Sie es vertragen, durchaus variieren. Während die einen nur einen Teelöffel Apfelessig auf ein Glas Wasser nehmen, geben andere einen kräftigeren Schuß hinein.

Der Cocktail schmeckt übrigens richtig gut, wie leicht säuerlicher Apfelsaft. Sie können den Apfelessig auch mit einem Glas Gemüse-, Tomaten- oder Apfelsaft oder einem anderen kalten Getränk vermischen. Probieren Sie aus, was Ihnen am besten schmeckt!

Apfelessig mit Vernunft anwenden

- Auch wenn über viele einzelne Inhaltsstoffe des Apfelessigs wissenschaftliche Erkenntnisse vorliegen, so gibt es doch noch keinerlei medizinische Reihenuntersuchungen über die Wirksamkeit von Apfelessig als solchem.
- Sollten Sie feststellen, daß Ihnen Apfelessig nicht bekommt, versuchen Sie, mit anderen Mitteln Ihrer Gesundheit und Ihrem Wohlbefinden auf die Sprünge zu helfen. Beachten Sie Ihre Bedürfnisse. Was vielen nützt, muß nicht unbedingt für jeden geeignet sein.
- Bitte bedenken Sie auch: Die Volksheilkunde ist eine Erfahrungsheilkunde, und die Wirkung der hier vorgestellten Heilmethoden ist größtenteils noch nicht wissenschaftlich untersucht.

Apfelessig wird von vielen als Jungbrunnen, als magisches Gesundheitselixier, eigentlich als Allroundheilmittel für mannigfaltigste Leiden hochgelobt. Das ist natürlich etwas zu hochgegriffen. Man sollte lieber nüchtern über seinen offenkundigen Nutzen berichten.

Brauchen Sie eine Apfelessigkur?

	Ja	Nein
Leiden Sie unter Darmträgheit (Völlegefühl, Durchfall, Verstopfung, Übelkeit)?	☐	☐
Neigen Sie zu depressiven Verstimmungen?	☐	☐
Haben Sie öfter Kopfschmerzen?	☐	☐
Haben Sie Schmerzen in den Gelenken?	☐	☐
Sind Sie häufig nervös oder neigen dazu, »herumzugiften«?	☐	☐
Sind Sie anfällig für Infektionskrankheiten?	☐	☐
Haben Sie öfter Schnupfen oder Erkältungen?	☐	☐
Ermüden Sie leicht?	☐	☐
Sind Ihre Haare glanzlos?	☐	☐
Bleiben nach dem Frisieren viele Haare im Kamm zurück?	☐	☐
Brechen Ihre Fingernägel leicht ab?	☐	☐
Stellen Sie fest, daß Schürf- oder Schnittwunden nur langsam verheilen?	☐	☐
Juckt es Sie öfter am Kopf oder auf der Haut?	☐	☐
Bemerken Sie eine stärkere Hornhaut oder Hühneraugen an den Fußsohlen?	☐	☐
Haben Sie oft kalte Füße und Hände, oder frieren Sie leicht?	☐	☐
Stellen Sie fest, daß Ihre Merk- und Konzentrationsfähigkeit auffallend nachläßt?	☐	☐
Gehen Sie nur mit einem Zettel zum Einkaufen, da Sie sonst die Hälfte vergessen?	☐	☐
Fällt es Ihnen zunehmend schwerer, Entscheidungen zu treffen?	☐	☐
Werden Ihre Augen rasch müde?	☐	☐
Schmeckt Ihnen das Essen nicht mehr so wie früher?	☐	☐
Geraten Sie bei der kleinsten Anstrengung außer Atem?	☐	☐
Haben Sie häufiger Karies oder Zahnfleischentzündungen?	☐	☐
Neigen Sie zu Hautunreinheiten?	☐	☐
Wachen Sie manchmal in der Nacht auf, weil ein Arm oder Bein eingeschlafen ist?	☐	☐
Haben Sie Einschlaf- oder Durchschlafschwierigkeiten?	☐	☐
Fällt es Ihnen schwer, abzuschalten?	☐	☐
Stellen Sie fest, daß Ihre Augenlider manchmal unkontrolliert flattern oder zucken?	☐	☐

Je mehr Fragen Sie mit Ja beantworten, desto wichtiger ist es für Sie, sich um Ihre Gesundheit zu kümmern. Eine Apfelessigkur könnte hier das ideale Mittel für Sie sein.

Anwendungen von A bis Z

Atembeschwerden

Wer Atembeschwerden hat oder nachts aufwacht, weil er schlecht Luft bekommt, sollte es einmal mit einem Glas Apfelessigwasser mit Honig versuchen. In ganz kleinen Schlucken oder teelöffelweise trinken, so daß für das Glas gut 30 Minuten benötigt werden. Anschließend eine Weile warten, und wenn sich die Atmung nicht entspannt hat, die Prozedur wiederholen.
Diese Behandlung kann aus Erfahrung auch bei asthmatischen Beschwerden helfen, zusätzlich zur ärztlichen Therapie.
Wirkung: beruhigend und krampflösend.

Atembeschwerden sollen auch gelindert werden, indem man zwei Mullbinden oder Stoffstreifen in Apfelessig taucht und um die Handgelenke wickelt.

Aufstoßen

Aufstoßen oder Rülpsen wird verursacht, indem plötzlich Luft oder andere Gase oder etwas säuerlicher Mageninhalt aus dem Magen durch die Speiseröhre in den Mund aufsteigen. Es ist in gewissem Umfang eine normale Begleiterscheinung der Verdauung. Wenn es stark auftritt und quälend wird, ist die Apfelessiganwendung zu empfehlen: Wer regelmäßig Apfelessigwasser zu den Mahlzeiten trinkt, beugt dem Aufstoßen vor.
Wirkung: ausgleichend für die Magensäfte.

Bei Aufstoßen zu beachten

- Essen Sie langsam und mit Genuß, kauen Sie gründlich
- Essen Sie lieber mehrere kleine Mahlzeiten am Tag
- Meiden Sie Schwerverdauliches: Hülsenfrüchte, Paniertes und in der Pfanne Gebratenes, frische, schwere Vollkornbrote, sehr süße, sehr salzige und stark gewürzte Speisen
- Lassen Sie öfter das Abendessen ausfallen, oder essen Sie nur Haferschleim oder eine trockene Semmel mit Tee

Blähungen

Ein Glas Apfelessig-Honig-Wasser, in kleinen Schlucken getrunken, hilft gegen Blähungen. Wer häufig darunter leidet, sollte fünf Minuten vor dem Essen diesen Drink nehmen und jeden Schluck eine Weile im Mund behalten.
Wirkung: Fördert die Speichelproduktion und damit die Verdauung, dämpft gasbildende Gärungs- und Fäulnisprozesse im Darm.

Blasenschwäche

Bei Blasenschwäche sollte man öfter Tomatensalat mit einem Dressing aus einem Eßlöffel Apfelessig, zwei Eßlöffeln Olivenöl und etwas Zimt essen.

Wer unter starkem (nächtlichem) Harndrang leidet, ohne daß eine organische Ursache ausgemacht werden kann, sollte eine Zeitlang zu jeder Mahlzeit ein Apfelessiggetränk trinken, bis der Harndrang verschwindet. Auch bei einer Blasenentzündung unterstützt dieser Cocktail die ärztliche Therapie.
Wirkung: Normalisiert zu sauren oder zu alkalischen Urin, verbessert die Nierenleistung.

Blaue Flecken

Durch eine Apfelessig-Salz-Auflage verschwinden blaue Flecken relativ schnell.
Anwendung: Sie erhitzen 1/4 Tasse Apfelessig mit 1/2 TL Salz. Dann tränken Sie ein Abschminkpad oder ein Stückchen Mull mit der Flüssigkeit und legen ihn auf den blauen Fleck. Ist die Auflage trocken, den Vorgang wiederholen.
Wirkung: abschwellend.

Entschlackung

Zur Unterstützung einer Entschlackungs- oder Fastenkur ist in jedem Fall das morgendliche Trinken des Apfelessig-Honig-Wassers zu empfehlen. Der Apfelessig unterstützt wirksam die Ausscheidungsorgane (Darm, Lunge, Haut, Nieren) bei ihrer Aufgabe, giftige Abfallprodukte

Entschlackungskur

- Fasten Sie zwei Tage lang, indem Sie keine feste Nahrung zu sich nehmen
- Trinken Sie Mineralwasser, dünne Kräuter- oder Früchtetees und Gemüsebrühe
- Nehmen Sie darüber hinaus dreimal täglich den Cocktail aus Wasser, Apfelessig und Honig ein
- Nach den Fastentagen die Ernährung ganz langsam wieder aufbauen

und »Schlacken« aus dem Körper zu entfernen. Es gibt im Handel auch einen Apfelessig mit Honig und Süßmolke und 18 würzigen Alpenkräutern, der dafür besonders geeignet ist. Süßmolke wird ebenfalls speziell zur Reinigung des Organismus eingesetzt. Diese spezielle Apfelessigzubereitung ist insbesondere für magenempfindliche Menschen vorteilhaft. Für eine kurze Entschlackungskur sollten Sie zwei Tage lang auf feste Nahrung verzichten.
Wirkung: Reinigt den Organismus, beugt einem Mineralstoff-, insbesondere Kaliummangel, während des Fastens vor.

Das Gurgeln mit Apfelessigwasser während einer Fastenkur bekämpft Mundgeruch und säubert die belegte »Fastenzunge«.

Erhöhte Blutfettwerte

Erhöhte Blutfettwerte sind häufig auf den übermäßigen Genuß tierischer Fette (Fleisch, Schmalz, Eier, Milchprodukte) zurückzuführen. Der Fettüberschuß verdickt das Blut und kann mit der Zeit Stoffwechselkrankheiten, Behinderungen im Blutfluß, Gefäßverkalkung (Arteriosklerose) und schließlich Gefäßverschlüsse mit den schlimmen Folgewirkungen Herzinfarkt und Schlaganfall nach sich ziehen. Die Aufnahme von Apfelessig kann mithelfen, das Blut zu verdünnen und es wieder fließfähiger machen. Eine ähnliche Wirkung entfalten übrigens verschiedene Früchte wie Äpfel, Trauben oder Preiselbeeren und die Säfte dieser Früchte.
Anwendung: 2 TL Apfelessig auf ein Glas Wasser über einen längeren Zeitraum täglich morgens trinken.
Wirkung: Apfelpektin senkt das schädliche LDL-Cholesterin im Blut, macht das Blut fließfähiger.

Erkältung und leichtes Fieber

Über viele Generationen hinweg haben sich »Großmutterrezepte« erhalten, auch solche, die uns heute vielleicht kurios anmuten. Doch auch eine Reihe dieser Heilmethoden kann durchaus ein günstige Wirkung enfalten. Man muß sie nur einfach einmal ausprobieren.

Bei Fieber ist es immer wichtig, nach der Ursache zu forschen. Denn manchmal steckt mehr dahinter als nur eine harmlose Erkältung.

Pfeffer auf Apfelessigpapier

Um eine Erkältung loszuwerden – so wird in einem alten Hausrezept empfohlen –, solle man ein Blatt braunes Packpapier etwa im Format 20 mal 20 Zentimeter in Apfelessig tauchen. Sobald sich das Papier vollgesogen hat, streut man etwas Pfeffer darüber und bindet es mit Stoffstreifen auf die Brust, wobei die gepfefferte Seite auf die Haut zu liegen kommt. Den Wickel nach 20 Minuten abnehmen, und die Brust anschließend waschen. Dabei ist aber sorgfältig darauf zu achten, daß man sich nicht verkühlt.

Wadenwickel

Weniger kurios sind kalte Wadenwickel mit Essigwasser. Sie wirken bei Erkältungen erwiesenermaßen fiebersenkend und werden oft von Ärzten empfohlen. Allerdings sollte man sie nur anwenden, wenn es dem Kranken wohlig warm ist.

Anwendung: Mischen Sie 3/4 l Wasser mit 1/4 l Obstessig und tauchen Sie zwei Leinentücher hinein. Wringen Sie die Tücher aus, und wickeln Sie um jede Wade ein Tuch. Darüber kommt ein Frottiertuch. Dann sollten Sie den Patienten warm einpacken. Wenn der Wickel trocken ist, den Vorgang wiederholen.

Essigsocken

Fiebersenkend wirken Essigumschläge an den Füßen.

Anwendung: Tauchen Sie Baumwollsocken in Essigwasser, wringen Sie sie aus, und ziehen Sie sie an. Darüber ein Handtuch wickeln und warm eingepackt ruhen. Bei sehr starkem Fieber sollten Sie die Socken in puren Apfelessig tauchen.

Wirkung: fiebersenkend.

Erschöpfung

Jeder durchlebt einmal Phasen, in denen er erschöpft und abgespannt ist. Das ist beispielsweise der Fall, wenn man eine größere Leistung vollbracht hat. Solche Tiefs sind absolut normal; man benötigt dann eine Pause, in der man neue Kräfte sammelt.
Problematisch ist aber, daß in einer Zeit der Erschöpfung die Abwehrkräfte geschwächt sind und man anfälliger für Krankheiten ist. In einer Regenerationsphase oder auch im Stadium der Genesung nach einer längeren, kräftezehrenden Krankheit ist es deshalb sehr zu empfehlen, zur Unterstützung der Abwehrkräfte kurmäßig jeden Morgen den Apfelessigtrank einzunehmen.
Anwendung: 2 TL Apfelessig, 1 TL Honig auf 1 Glas Wasser; 4 bis 6 Wochen morgens nach dem Aufstehen trinken.
Wirkung: Stärkt die Abwehrkräfte, regt den Stoffwechsel an, bekämpft eindringende Krankheitserreger.

Machen Sie darüber hinaus öfter eine belebende Massage mit Apfelessig. Damit können Sie die Durchblutung fördern. Das gibt neue Energie, beispielsweise nach einem erschöpfenden Körpertraining oder nach geistiger Anstrengung. Die Apfelessigmassage ist auch ein hervorragendes, natürliches Hautpflegemittel und strafft, über einen längeren Zeitraum angewandt, erschlaffte Haut.

Apfelessigmassage

- Geben Sie 2 bis 4 EL Apfelessig auf 1 l Wasser, das Sie leicht angewärmt haben
- Schütten Sie immer eine kleine Menge davon in eine Hand, und reiben Sie damit nacheinander Arme und Schultern, Bauch, Brust und Rücken, Beine und zuletzt die Füße ein
- Massieren Sie von den Beinen, den Armen sowie auch am Rumpf immer in Richtung auf das Herz hin
- Trocknen Sie sich anschließend nicht ab, sondern reiben Sie so lange über die Haut, bis der Apfelessig in die Haut eingezogen ist

Wichtig!
Mit der Apfelessigkur sollte immer eine Ernährungsumstellung (wenig tierische Fette) einhergehen. Auch weitere Risikofaktoren wie Rauchen, Übergewicht und wenig Bewegung sollten möglichst ausgeschaltet werden.

Frauenbeschwerden

Wer unter Ausfluß leidet, kann es mit einer Scheidenspülung mit Apfelessig versuchen.
Anwendung: 3 EL Apfelessig in 2 l warmes Wasser geben und täglich eine Spülung machen, solange der Ausfluß andauert. Später genügt zur Vorbeugung eine Spülung pro Woche.
Wirkung: antiseptisch.

Fußpilz

Um lästigen Fußpilz loszuwerden, betupfen Sie die betroffenen Stellen mehrmals täglich sowie abends vor dem Schlafengehen mit unverdünntem Apfelessig. Wichtig ist auch, daß Sie die Socken (aus Naturfasern), die Sie tagsüber getragen haben, abends 1/2 Stunde in Essigwasser (1 Teil Essig, 4 Teile Wasser) einweichen, ehe Sie sie waschen.
Wirkung: keimtötend.

Gedächtnisschwäche

Gedächtnisschwäche kann viele Ursachen haben, auch an seelische Belastung müssen Sie dabei denken. Bei solchen Problemen ist es natürlich mit einer Apfelessigkur allein noch nicht getan.

Wenn Sie bemerken, daß Ihr Gedächtnis nachzulassen beginnt, sollten Sie zu jeder Mahlzeit den Apfelessig-Honig-Cocktail trinken. Sie werden schon bald feststellen, daß sich Ihr Erinnerungsvermögen, die Konzentrations- und Reaktionsfähigkeit verbessern.

D. C. Jarvis berichtet, daß es in Vermont, wo die Menschen regelmäßig Apfelessig zu sich nehmen, »durchaus selbstverständlich ist, daß Männer in den Siebzigern noch ihr volles Tagewerk leisten, und es keineswegs etwas Außergewöhnliches ist, 80jährige anzutreffen, die ihre Landarbeit verrichten, als wären sie viele Jahre jünger«. An anderer Stelle heißt es: »Manch einer vollbringt seine besten Leistungen zwischen dem 60sten und 80sten Lebensjahr.« Und diese Beobachtungen des Arztes stammen aus den vierziger und fünfziger Jahren, als es noch bei weitem nicht so viele 70jährige und 80jährige gab wie heutzutage. »Wer regelmäßig ein Schlückchen Essig trinkt, ist sein Leben lang mit

Was Sie für Ihr Gedächtnis tun können

- Trinken Sie zu jeder Mahlzeit 1 Glas Apfelessig-Honig-Cocktail
- Achten Sie auf eine vollwertige Ernährung mit reichlich Mineralstoffen und Vitaminen, insbesondere Vitamin B12 (in Fisch, Innereien, Milch, Käse, Hefe, Sauerkraut), Niazin (in Vollkornprodukten, Nüssen, magerem Fleisch, Fisch und Geflügel, Innereien, Pilzen, Bierhefe) und Folsäure (in Getreide, grünem Gemüse, Pilzen, Hülsenfrüchten, Vollkornbrot, Käse, Sojabohnen, Geflügel und Hefe)
- Reduzieren Sie möglichst auch Ihren Alkohol- und Nikotinkonsum

einem klaren Geist gesegnet«, behauptet die Essigbefürworterin Emily Thacker.
Wirkung: Erfrischt und belebt durch Zufuhr von Mineralstoffen und Vitaminen; verbessert die Durchblutung.

Gelenkschmerzen

Wenn Ihre Gelenke anfangen zu »knarzen«, steifer werden und manchmal schmerzen, könnten dies die Anfänge einer Arthritis (Gelenkentzündung) sein. Dann sollten Sie mindestens am Morgen, besser dreimal täglich, das Apfelessiggetränk einnehmen. Gewöhnen Sie sich auch daran, Rohkost und Salate mit Apfelessig anzumachen.
Die Säure und vor allem die Mineralstoffe des Essigs haben nach aller Erfahrung eine günstige Wirkung auf die Funktionstüchtigkeit der Gelenke. Wenn Sie nach einigen Wochen eine Besserung verspüren, die Gelenke beweglicher werden und die Schmerzen nachlassen, sollten Sie den Apfelessigmorgendrink möglichst beibehalten.
Wirkung: Regelt den Kalzium- und Salzhaushalt, regt den Stoffwechsel an, entschlackt.
Ein Hausrezept aus den USA hat sich bei Gelenkschmerzen bewährt: Sie brauchen dazu 1/2 Grapefruit, 1 Orange, 1 Zitrone (alle ungespritzt), 2 Selleriestangen, 4 Tassen Wasser, Apfelessig und Bittersalz (Magnesiumsulfat aus der Apotheke).

Wenn Sie Gelenkschmerzen haben, sollten Sie Übergewicht vermeiden bzw. reduzieren und für reichlich Bewegung sorgen – am besten durch Schwimmen, das schont die Gelenke.

Das Bittersalz regt die Ausscheidung über den Darm an und wirkt stark entschlackend, was sich durch häufigere Stuhlgänge bemerkbar machen kann. Somit gelangen weniger Schlacken in den Blutkreislauf und anschließend in die Gelenke, wo sie Entzündungen hervorrufen können.

▶ Schneiden Sie die Selleriestangen und die Früchte mitsamt der Schale klein.

Geben Sie alles in einen Topf, fügen Sie das Wasser hinzu, lassen Sie das Ganze ohne Deckel auf kleiner Flamme etwa 1 Stunde kochen.

▶ Wenn die Früchte weich sind, streichen Sie sie durch ein Sieb.

▶ Fügen Sie 2 TL Apfelessig und 1 TL Bittersalz dem Fruchtmus hinzu.

▶ Trinken Sie morgens und abends 1 Glas Wasser, in das Sie 1 EL dieses Mittels gemischt haben.

Geschwollene Füße

Nach dem Apfelessigfußbad schlüpfen Sie in warme Baumwollsocken. Schmerzende Beine umwickeln Sie mit einem in Apfelessig getränkten Tuch, wie bei »Krampfadern«, Seite 61 beschrieben.

Bei geschwollenen und brennenden Füßen hat sich ein Fußbad mit Apfelessig hervorragend bewährt. Machen Sie das Fußbad am besten abends oder direkt nach einem anstrengenden Tag. Wenn Sie ständig unter geschwollenen Füßen leiden, empfiehlt sich das Fußbad morgens und abends.

Anwendung: Füllen Sie eine Wanne knöcheltief mit warmem Wasser, und gießen Sie je nach Wassermenge 2 bis 4 Tassen Apfelessig hinein. Waten Sie in dem Wasser hin und her, bis Ihre Füße sich entspannt haben. Hinterher die Füße nicht abtrocknen, sondern das Wasser nur abstreifen und die Füße an der Luft trocknen lassen.

Wirkung: Regt den Stoffwechsel an, abschwellend.

Hämorrhoiden

Bei juckenden Hämorrhoiden empfiehlt die Hausmittelmedizin, die Stellen jeden Abend vorsichtig mit unverdünntem Apfelessig abzutupfen. Zusätzlich sollte regelmäßig morgens die Apfelessigmixtur getrunken werden.

Wirkung: desinfiziert, fördert die Blutgerinnung, abschwellend.

Heißer Trank bei Halsentzündung

- Rühren Sie in 1 Glas heißes Wasser 1 EL Honig, und geben Sie 1 bis 2 TL Apfelessig dazu
- Diese Mischung mehrmals täglich langsam in kleinen Schlucken trinken

Halsschmerzen

Halsschmerzen werden durch Krankheitskeime verursacht. Und da sowohl Apfelessig als auch Honig eine antibakterielle und entzündungshemmende Wirkung haben, ist die Mischung aus beiden Heilstoffen ein sanft wirkendes Mittel gegen Halsschmerzen, die in Verbindung mit einer Erkältung auftreten.
Anwendung: 1/4 Tasse Honig mit 1/4 Tasse Apfelessig vermengen und alle 3 bis 4 Stunden einen Teelöffel davon einnehmen. Zuvor jeweils gut durchrühren.
Oder: Sie vermischen 1/4 Tasse Wasser mit 1/4 Tasse Apfelessig, dazu 2 Teelöffel Honig und 1/2 Teelöffel Cayennepfeffer. Nehmen Sie alle 2 bis 3 Stunden 1 Teelöffel von diesem Sirup, bei Bedarf auch mehr.
Wirkung: antibakteriell, schleimlösend, entzündungshemmend.
Auch Gurgeln mit Apfelessig lindert Halsschmerzen, wie unter »Heiserkeit« beschrieben.

Wenn Halsschmerzen mehrere Tage andauern, könnte es sich um eine ernste Mandel-, Rachen- oder Kehlkopfentzündung handeln, die z. B. durch Streptokokken verursacht wird. So eine Entzündung muß vom Arzt behandelt werden.

Hautausschläge

Wenn Sie mehrmals täglich verdünnten Apfelessig auf einen Hautausschlag auftragen, wird das Jucken und Brennen gelindert. Wer es verträgt, kann es mit einer stärkeren Lösung oder Apfelessig pur versuchen. Sie können auch aus Apfelessig und Maismehl eine Paste anrühren und auf die juckenden Stellen geben. Wenn die Paste trocken ist, sollte auch der Juckreiz verschwunden sein. Wenn große Hautpartien beeinträchtigt sind, nehmen Sie am besten ein Bad und schütten 2 bis 3 Tassen Apfelessig ins Badewasser. Wer mag, fügt noch etwas Thymianöl hinzu. Trinken Sie zusätzlich Apfelessigwasser zu den

Hautausschlag steht sehr oft in Zusammenhang mit unzureichender Mineralstoffversorgung. Deshalb ist Apfelessig hier häufig ein ideales Heilmittel. Verwenden Sie außerdem mineralstoffreiches Meersalz in der Küche!

Mahlzeiten, zumindest jedoch morgens. Ist der Hautausschlag, beispielsweise Nesselfieber oder ein Kontaktekzem, die Folge einer Allergie, sollten Sie die Apfelessigmixtur so lange zu den Mahlzeiten trinken, bis der Ausschlag abklingt.
Wirkung: Führt Mineralstoffe zu, insbesondere Kalium; entzündungshemmend.

Auch bei starkem Kribbeln auf der Haut, wenn Sie das Gefühl haben, Hunderte von Ameisen laufen über eine Körperstelle, hilft das Abreiben mit verdünntem Apfelessigwasser in einer Mischung von 1:1.

Heiserkeit

Heiserkeit entsteht oft, ohne daß wir uns die Ursache gleich erklären können. Die Stimmbänder können nicht mehr frei schwingen, unsere Stimme klingt gedämpft, gepreßt oder versagt nahezu völlig. Wenn die Heiserkeit von einer Überanstrengung der Stimme oder von einer Erkältung herrührt, empfiehlt die Hausmittelmedizin das Gurgeln mit verdünntem Apfelessig.
Wirkung: entzündungshemmend und schleimlösend.

Gurgelmittel bei Heiserkeit

- Geben Sie 2 TL Apfelessig auf 1 Glas warmes Wasser
- Nehmen Sie einen Mundvoll dieser Lösung, gurgeln Sie damit. Anschließend alles ausspucken
- Nehmen Sie einen weiteren Schluck Apfelessigwasser und trinken ihn. Dadurch sollen auch jene Stellen des Rachenraums benetzt werden, die man beim Gurgeln nicht erreicht
- Wiederholen Sie diese Prozedur stündlich. Auch wenn Sie nachts aufwachen, sollten Sie die Gelegenheit nutzen und gurgeln
- Sobald die Beschwerden nachlassen, gurgeln Sie nur noch alle 2 bis 3 Stunden
- Nach Abklingen der Beschwerden sollten Sie vorsorglich noch 2 bis 3 Tage lang nach den Mahlzeiten gurgeln

Auch ein Halswickel mit Essig lindert Halsschmerzen und Heiserkeit:

▶ Erhitzen Sie etwas Wasser und geben 2 bis 3 EL Apfelessig hinzu.

▶ Tauchen Sie ein Leintuch hinein, wringen Sie es aus und wickeln es um den Hals. Über das Tuch kommt noch ein trockenes, angewärmtes Handtuch. Wenn das Leintuch trocken ist, sollten Sie den Halswickel erneuern.

Heiserkeit ist manchmal durch Belastung der Atemluft (z. B. durch Wohn- und Umweltgifte), durch Rauchen oder auch durch Nebenwirkungen von Medikamenten bedingt. Da ist es wichtig, der Ursache nachzugehen und sie auszuschalten.

Heuschnupfen

Die weitverbreitete Allergie gegen Blütenpollen wird durch das morgendliche Apfelessig-Honig-Getränk zwar nicht beseitigt, doch verbessert es das Allgemeinbefinden, und lästige Erscheinungen wie Niesen, tränende und gerötete Augen, Hautausschläge und Hautrötungen sowie allgemeines Unwohlsein können zumindest gemildert werden.
Wirkung: Stärkt die Widerstandskraft, gleicht Mineralstoffmängel aus, regt den Stoffwechsel an.

Husten

Gerade Kinder haben öfter Husten. Früher hat man in diesen Fällen nicht immer gleich den Arzt gerufen. Die Volksmedizin empfiehlt bei leichtem Husten Apfelessig als wirksames Hausmittel. Es hat sich auch bewährt, wenn man gerade eine Erkältung überstanden hat, aber nachts noch öfter von Hustenreiz geweckt wird.
Anwendung: 1/2 Tasse Honig mit 3 bis 4 TL Apfelessig verrühren.

▶ Bei jedem Hustenanfall 1 TL davon nehmen oder 6 TL über den Tag verteilt. Vorher jeweils gut durchmischen.

▶ Vor dem Schlafengehen 1 TL einnehmen; zusätzlich auch nachts, wenn man aufwacht.

Wirkung: schleimlösend, entkrampfend, beruhigend, entzündungshemmend.

Wer nachts häufig von Husten geplagt wird, kann nach einem alten Hausrezept einige Tropfen Apfelessig direkt auf sein Kopfkissen träufeln oder ein in Apfelessig getränktes Tuch neben den Kopf legen.

Insektenschutz

Mücken mögen keinen Essig. Wenn Sie die Haut mit Apfelessigwasser einreiben, hält das die Plagegeister fern. Die stechenden Mückenweibchen orientieren sich nach ihrem Geruchssinn. Der Geruch menschlicher Haut zieht sie unwiderstehlich an.

Insektenstiche

Wenn Sie von einer Biene, Wespe, Mücke etc. gestochen wurden oder nach einem »Zusammenstoß« mit einer nesselnden Qualle ein Brennen auf der Haut spüren, geben Sie sofort unverdünnten Apfelessig auf den Stich bzw. die juckende oder brennende Stelle. Nach einer Weile wiederholen. Dadurch wird verhindert, daß die Einstichstelle stark anschwillt. Wenn die Beschwerden aber ernsthafter sind, kann die Apfelessigbehandlung nur eine erste Notmaßnahme sein.

Nach Hautreizungen durch Quallen oder wenn Sie auf Wespen-, Bienen- oder Hornissenstiche allergisch reagieren, sollten Sie unverzüglich den Arzt aufsuchen.

Wirkung: schmerzlindernd, desinfizierend, abschwellend.

Wenn Sie ahnen, daß es heute ein »Kopfschmerztag« werden könnte, sollten Sie sich öfter Stirn, Schläfen und Nacken mit purem Apfelessig abreiben.

Kopfschmerzen

Kopfschmerzen sind in vielen Fällen auf nervöse Anspannung, Streß, Unruhe, Überbeanspruchung und emotionale Belastungen zurückzuführen.

Probieren Sie es doch einmal mit einem Apfelessigdampfbad, wenn sich bei Ihnen solche Spannungskopfschmerzen ankündigen. Dampfbäder sind altbewährte und sofort wirkende Heilanwendungen. Der Apfelessigdampf belebt und regt den Blutfluß an.

Häufig beruhen Kopfschmerzen auch auf ungesunden Darmverhältnissen. Das kann jeder nachvollziehen, der zu spät abends zu üppig gegessen hat und am nächsten Morgen mit einem schweren Kopf aufwacht. Über Nacht oder sonst infolge von Darmträgheit kann es zu Gärungs- und Fäulnisprozessen im Darm kommen. Die dabei entste-

Apfelessig-Dampfbad

- Füllen Sie Apfelessig und Wasser zu gleichen Teilen in einen kleinen Topf
- Erhitzen Sie die Mischung auf dem Herd
- Sobald Dampf aufsteigt, beugen Sie sich über den Topf. Breiten Sie noch ein Handtuch über den Kopf, um zu verhindern, daß der Dampf entweicht
- Atmen Sie den Dampf durch die Nase ein. Schließen Sie die Augen, und lassen Sie den Dampf auf den ganzen Kopf wirken
- Inhalieren Sie den Dampf, solange es Ihnen angenehm ist, jedoch nicht länger als fünf Minuten
- Anschließend ist es gut, einige Zeit zu ruhen

henden Gifte können für vielerlei Beschwerden, nicht zuletzt Kopfschmerzen, verantwortlich sein.
Wenn Ihre Kopfschmerzen in einem solchen Zusammenhang stehen könnten, sollten Sie regelmäßig über einen längeren Zeitraum hinweg zweimal täglich das übliche Apfelessig-Honig-Getränk einnehmen – möglichst auf nüchternen Magen. Das bekämpft Fäulnisbakterien im Verdauungstrakt.

Wer zu später Stunde noch dinieren muß, sollte nach dem Essen ein Apfelessiggetränk zu sich nehmen. Das unterstützt die Verdauung und beugt vor gegen belastende Gärungs- und Fäulnisprozesse im Darm.

Krampfadern

Es hat sich bewährt, schmerzende Krampfadern morgens und abends mit unverdünntem Apfelessig einzureiben.
Oder Sie tauchen ein Tuch in unverdünnten Apfelessig und wickeln es um die Beine. Darüber kommt ein Frottiertuch.
Lassen Sie den Apfelessig 30 Minuten auf die Haut einwirken, legen Sie die Beine dabei hoch. Wenn Sie diesen Wickel mindestens sechs Wochen morgens und abends machen, sollten Sie die Schmerzen los sein. Zusätzlich zur äußeren Behandlung sollten Sie regelmäßig morgens ein Glas Apfelessig-Honig-Wasser trinken. Auch auf ausreichende Bewegung (Spazierengehen, Laufen, Radfahren) sollten Sie achten.
Wirkung: Wie der Apfelessig die Blutgerinnung bei Wunden fördert, wirkt er auch verödend auf übermäßig geweitete Blutgefäße.

Wenn die Krampfaderbildung aber zu weit fortgeschritten ist, kann der Apfelessig nur noch schmerzlindernd wirken. Falls Sie eine Verschlimmerung feststellen, sollten Sie auf jeden Fall zum Arzt gehen.

Menstruation

Tauchen Sie zwei Wattepads in Obstessig, und pressen Sie sie sanft auf die geschlossenen Augenlider. Das erfrischt überbeanspruchte Augen. Nach einer Weile die Essigreste mit lauwarmem Wasser abspülen.

Ein Glas Apfelessig-Honig-Getränk am Morgen während der Periode kann sehr starke Blutungen abschwächen. Da nach Erfahrungsberichten regelmäßige Apfelessigeinnahme die Periode aber auch hinauszögern kann, sollten Sie etwa vier Tage vor dem Einsetzen der Periode auf die Einnahme von Apfelessig verzichten.
Wirkung: blutungshemmend, fördert die Blutgerinnung.

Müde Augen

Wenn man bemerkt, daß die Augen beim Lesen oder Fernsehen rasch ermüden oder auf helles Licht empfindlich reagieren, leistet der morgendliche Apfelessig-Honig-Trank (mit zwei Teelöffeln Honig) wertvolle Dienste. Durch das im Apfelessig enthaltene Beta-Karotin beugen Sie zudem dem grauen Star (Katarakt) vor.
Wirkung: Stärkt die Sehkraft durch Zufuhr von Mineralstoffen.

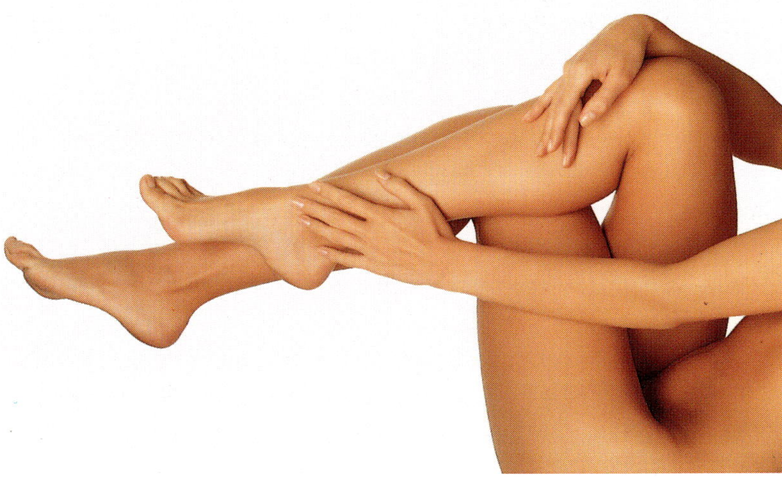

Wenn Sie abends müde sind, schwere oder gar geschwollene, schmerzende Beine haben, dann legen Sie sie hoch, reiben Sie sie mit Apfelessig ein.

Bad bei Muskelschmerzen

- Geben Sie dem warmen Bad 1 bis 2 Tassen Apfelessig zu
- Massieren Sie sich sanft unter Wasser von den Füßen bis zum Hals, am besten mit einem Luffahandschuh oder einer Bürste
- Hinterher sollten Sie sich hinlegen und ausruhen

Muskelkrämpfe

Manche Menschen wachen in der Nacht auf, weil sich die Gliedmaßen, die Rückenmuskulatur oder die Halsmuskeln verkrampft haben. Wenn Sie längere Zeit morgens Apfelessigwasser mit Honig trinken, werden die unangenehmen Krämpfe verschwinden. Das gleiche gilt auch für Muskelkrämpfe, die beim Sport oder anderen körperlichen Betätigungen häufig auftreten.
Wirkung: Gleicht Mineralstoffmängel aus.

Damit es gar nicht erst zu Muskelverletzungen kommen kann, sollten Sie darauf achten, daß Sie sich vor dem Sport immer ausreichend aufwärmen. Geeignet sind dafür besonders Stretchingübungen.

Muskelzerrungen

Muskelzerrungen behandelt man nach einem bewährten Hausrezept ebenso wie Schwellungen, Blutergüsse und Prellungen mit einen Apfelessigumschlag. Schwellungen gehen dadurch schneller zurück, und die Schmerzen lassen bald nach.

- Tauchen Sie ein Tuch in reinen Apfelessig und wringen es aus.
- Es hat sich in vielen Fällen bewährt, noch etwas Cayennepfeffer darauf zu streuen, ehe das Tuch auf die betroffene Stelle gelegt wird.
- Darüber ein Frottiertuch wickeln.
- 5 bis 10 Minuten einwirken lassen, den Umschlag nach einer Weile wiederholen.

Oder: Sie legen ein Tuch mehrfach gefaltet in essigsaure Tonerde, die Sie in Reformhaus oder Apotheke erhalten. Nach einer Weile wringen Sie das Tuch aus und legen es auf die Verstauchung oder Prellung. Wiederholen, sobald der Umschlag trocken ist.

Oder: Sie tauchen ein Tuch in puren Apfelessig, dem 2 TL Jodsalz hinzugefügt wurden. Mit diesem Tuch machen Sie dann einen Umschlag auf der betroffenen Muskelpartie.
Wirkung: abschwellend, schmerzlindernd.

Nasenbluten

Wer häufig Nasenbluten hat, sollte regelmäßig das Apfelessiggetränk trinken. Die Blutung stillt man, indem man ein Baumwolltüchlein voll Essig tränkt und sanft in das Nasenloch einführt. Dort lassen, bis es aufhört zu bluten.
Wirkung: Fördert die Blutgerinnung, desinfiziert.

Für Schwimmer, die häufig unter Ohrenschmerzen leiden, sind Ohrspülungen empfehlenswert. Mit einer Mischung aus zwei Teilen abgekochtem Wasser und einem Teil Essig sollte man dabei so verfahren, wie man sich gewöhnlich die Ohren mit Wasser wäscht.

Nervöser Tic

Wer feststellt, daß ein Augenlid oder bestimmte Muskelbereiche öfter unkontrolliert flattern oder zucken, sollte über einen längeren Zeitraum am Vormittag folgendes Getränk zu sich nehmen:
- 1/2 Glas Wasser und 1/2 Glas Grapefruit- oder Orangensaft mit 1 TL Apfelessig gut vermischen

Wirkung: Gleicht Mängel an Mineralstoffen und Vitaminen aus.

Ohrenschmerzen

Bei Ohrenschmerzen sollten Sie, um die Ursache abzuklären, einen Arzt aufsuchen, denn bei dem empfindlichen Gehörorgan sollte man nichts riskieren.

Dampfbad für das Ohr

- Erhitzen Sie 1 Tasse Apfelessig mit 2 Tassen Wasser
- Halten Sie dann den Kopf seitwärts über den Topf, so daß die aufsteigenden Dämpfe bis in das Ohr gelangen können; dabei aber unbedingt aufpassen, daß der heiße Dampf das Ohr nicht verbrennt

Ohrenschmerzen, die von einer Entzündung herrühren oder mit einer Erkältung einhergehen, können mit einem schmerzstillenden und entzündungslindernden Apfelessig-Dampfbad für das Ohr behandelt werden.

Ohrgeräusche

Das Apfelessig-Honig-Getränk dreimal täglich zu den Mahlzeiten mildert lästige Geräusche im Ohr. Das Getränk sollte auch eingenommen werden, wenn die Hörfähigkeit nachzulassen beginnt.
Wirkung: Gleicht den Mineralstoffhaushalt aus, macht das Blut fließfähiger.

Rheumatische Erkrankungen und Gicht

Wer das ganze Jahr über das Obstessiggetränk morgens nach dem Aufstehen genießt, beugt rheumatischen Erkrankungen und Gicht vor.
Wirkung: Entschlackt, behindert die Bildung von Darmgiften, die sonst in den Organismus gelangen.

Schlaflosigkeit und chronische Müdigkeit

Immer mehr Menschen fühlen sich tagsüber müde und abgespannt. Sie meinen, den Tag nicht überstehen zu können ohne Unmengen von Tee und Kaffee oder anderen Aufputschmitteln. Nach der Arbeit bleibt dann keine Kraft mehr übrig für erholsamen Sport oder eine kreative Freizeitbeschäftigung. Abends schlafen sie zwar rasch ein, wachen jedoch schon bald wieder auf und liegen dann oft stundenlang wach im Bett.
Wer tagsüber unter ständiger Müdigkeit und nachts unter Schlaflosigkeit leidet, sollte zuerst seine Lebensweise überprüfen. Ursache der Beschwerden ist oft ein überreiztes Nervensystem. Dies kann durch psychische Belastungen hervorgerufen werden, bei Konflikten oder auch Überreizung durch zu viele Eindrücke, aber auch durch zu viele Genußgifte. Eines der besten natürlichen Mittel gegen Schlaflosigkeit

Bei chronischen Erschöpfungszuständen hat es sich bewährt, möglichst wenig Süßigkeiten und Weißmehlprodukte zu essen, dafür möglichst oft Fisch und Hülsenfrüchte, die man mit Apfelessig würzt. Süßen Sie statt mit Zucker mit Honig. Und essen Sie gelegentlich einen Löffel Honig. Honig ist Energie pur und geht rasch ins Blut über. Vielleicht sollten Sie auch eine Weile auf Alkohol verzichten.

und chronische Müdigkeit ist, in Verbindung mit einer allgemeinen Umstellung der Lebensweise, Apfelessig mit Honig.

- Vermischen Sie in einem Schraubglas mit Deckel 1/2 Tasse Honig mit 3 TL Apfelessig.
- Essen Sie vor dem Schlafengehen 2 TL von dieser Mischung. Normalerweise müßten Sie daraufhin schon bald einschlafen.
- Wenn Sie nach einer Stunde noch wach sind, nehmen Sie noch einmal 2 TL der Mischung.
- Auch wenn Sie nachts aufwachen, sollten Sie 2 TL der Mischung einehmen.

Wirkung: Kalium, Magnesium und Eisen im Apfelessig wirken ausgleichend und beruhigend. Auch Honig hat eine beruhigende Wirkung.

Ein bewährter Trunk vor dem Schlafengehen ist auch 1 Glas Wasser mit 2 TL Apfelessig und 2 TL Honig. Stellen Sie sich so ein Getränk auch bereit, falls Sie nachts aufwachen.

Schluckauf

Gegen Schluckauf darf es ausnahmsweise einmal Haushaltszucker sein: Essen Sie 1 TL Zucker, auf den Sie 5 Tropfen reinen Apfelessig geben.

Wer keinen Zucker nehmen mag, kann auch 1 TL Apfelessig pur einnehmen. Damit wird der lästige Schluckauf bald verschwinden.

Schmerzen

Folgendes sanftes Schmerzmittel aus der Apotheke der Natur lindert aller Erfahrung nach leichte Schmerzen:

Geben Sie bei Kopf-, Nerven-, Muskel- oder sonstigen Schmerzen etwas von der angegebenen Tinktur (Kasten nächste Seite) auf einen Wattebausch, und reiben Sie die schmerzende Stelle damit ein. Besonders auch vor dem Schlafengehen anwenden.

Auch geeignet zur Behandlung von Akne.

Wirkung: schmerzstillend, beruhigend.

Achtung!
Chronische Schmerzen deuten auf organische Schäden hin, die ein Arzt behandeln sollte – ebenso heftige, plötzlich auftretende Schmerzen.

Schmerzstillende Tinktur

- Geben Sie 500 g frisch geriebenen Meerrettich in ein verschraubbares Glasgefäß und füllen Sie es mit 1/2 l Apfelessig auf
- Das Gefäß gut verschließen und kühl und dunkel 2 bis 3 Wochen stehenlassen
- Dann die Flüssigkeit abseihen

Schnupfen

Eine verstopfte Nase, wie sie mit Schnupfen oder einer Erkältung einhergeht, wird wieder frei, wenn man mit einem Dampfbad mit verdünntem Apfelessig inhaliert. Das schafft auf jeden Fall Erleichterung und ist eine pflegende, nebenwirkungsfreie Behandlung.
Wenn die Nase nach dem Inhalieren noch nicht ganz frei ist, wird der Vorgang nach einer Weile wiederholt, bei Bedarf noch mehrmals.
Darüber hinaus ist es empfehlenswert, ein- bis zweimal täglich den Apfelessig-Honig-Cocktail zu trinken. Dasselbe ist bei Verschleimungen der Nebenhöhlen und des Halses zu tun.
Wirkung: entzündungshemmend, schleimlösend, antibakteriell.

Um häufigen Erkältungskrankheiten wie z. B. dem Schnupfen besonders in der kalten Jahreszeit vorzubeugen, sollten Sie regelmäßig in die Sauna gehen. Das stärkt Ihr Immunsystem und härtet Sie ab.

Wer als Folge einer gestörten Durchblutung oder in Verbindung mit Schnupfen ständig eine gerötete Nase hat, sollte es einmal mit folgendem Hausmittel versuchen:

- Verrühren Sie 1/4 l warmes Wasser mit 3 bis 4 Eßlöffeln Apfelessig
- Tränken Sie einen Wattebausch mit der Flüssigkeit, und legen Sie ihn etwa 5 Minuten auf die gerötete Nase
- Wiederholen Sie diese Anwendung mehrmals täglich

Schwangerschaftsbeschwerden

Gegen morgendliche Übelkeit in der Schwangerschaft sind Äpfel gewachsen. Versuchen Sie es mit einem Glas Apfelessig-Honig-Cocktail am Morgen. Wer ihn auf nüchternen Magen nicht verträgt, trinkt ihn nach dem Frühstück. Wer übrigens diesen Kraftdrink die ganze

Versuchen Sie es bei Brechreiz und Übelkeit in der Schwangerschaft einmal damit: Ein Tuch in warmen Apfelessig tauchen und auf den Magen legen. Wenn das Tuch abgekühlt ist, die Prozedur wiederholen.

Schwangerschaft über beibehält, soll Babys mit kräftigerer Konstitution, dichterem Haar und festeren Fingernägeln zur Welt bringen. Auch das Zahnen soll bei diesen Babys problemloser verlaufen.
Wirkung: Führt Mineralstoffe zu, regt den Stoffwechsel an, unterstützt das Wachstum des Mutterkuchens.

Schweißausbrüche in der Nacht

Regelmäßige nächtliche Schweißausbrüche deuten oft auf eine organische Störung hin, eventuell im Bereich der Lunge. Die Ursache muß eine ärztliche Untersuchung klären. Sie können das unangenehme nächtliche Schwitzen aber mildern, wenn Sie sich vor dem Schlafengehen eine Massage mit verdünntem Apfelessigwasser machen.
Wirkung: Normalisiert den pH-Wert der Haut, kühlt, beruhigt.
Wenn die ärztliche Untersuchung ohne Befund verläuft, wäre es auch denkbar, daß die Schweißausbrüche auf einen Versuch des Körpers zurückzuführen sind, sich angesammelter Giftstoffe zu entledigen. Der morgendliche Apfelessigtrank kann dann die Ausscheidung von Schlacken und Giftstoffen vorantreiben und die Reinigung im Innern des Körpers unterstützen.

Schwindelgefühle

Wenn häufig Schwindelgefühle auftreten und keine organischen Ursachen dafür vorliegen, kann man es mit einer Apfelessigkur versuchen.
Anwendung: Über 4 bis 6 Wochen ein Apfelessiggetränk einnehmen, am besten zu den Mahlzeiten, mindestens jedoch morgens und abends.
Wirkung: Gleicht Mineralstoffmängel aus, fördert die Durchblutung, erfrischt.

Sodbrennen

Sodbrennen nach dem Essen ist in vielen Fällen mit einem Glas Apfelessiggetränk beizukommen. Wer häufig unter dem Brennen oder Kratzen in der Speiseröhre leidet, sollte Speisen mit Essig würzen.

Sodbrennen entsteht nicht, wie vielfach angenommen wird, durch einen Überschuß an Magensäure. Meist ist zu wenig Salzsäure im Magensaft die Ursache. Die Salzsäure ist neben dem Enzym Pepsin vor allem für die Eiweißzersetzung verantwortlich. Deshalb leiden viele, deren Magen zu wenig Salzsäure produziert, unter Sodbrennen, wenn sie zu eiweißreich gegessen haben.
Der Essig kann neben der Salzsäure helfen, Fleisch, Wurst und ähnlich eiweißhaltige Lebensmittel aufzuweichen, und so einem Sodbrennen entgegenwirken.
Allerdings ist der Salzsäuremangel nicht in jedem Fall schuld am Sodbrennen. Regelmäßiges, vor allem heftiges Sodbrennen kann auf eine Magenerkrankung hinweisen und muß vom Arzt untersucht und entsprechend behandelt werden.

Sonnenbrand

Reiben Sie die brennenden und geröteten Stellen vorsichtig mit verdünntem Apfelessig ein. Oder legen Sie ein mit Apfelessig getränktes Tuch auf die verbrannte Haut. Auch ein lauwarmes Vollbad mit 2 Tassen Apfelessig wirkt kühlend.
Wirkung: Kühlt und beruhigt die Haut, desinfiziert.

Übergewicht

Wer die Hauptursachen des Übergewichts nicht beseitigt und weiterhin zu viel, zu salzig, zu süß und zu fett ißt und sich vor allem zuwenig

Trank gegen Übergewicht

- Trinken Sie über einen längeren Zeitraum (während Sie Ihr Gewicht reduzieren) zu jeder Mahlzeit langsam während des Essens 1 Glas Wasser mit 2 TL Apfelessig
- Auch wenn Sie Ihr Idealgewicht erreicht haben, empfiehlt es sich, weiterhin morgens 1 Glas Apfelessigwasser zu trinken. Das fördert Verdauung und Wohlbefinden

Wer sich zu einer Schlankheitskur entschließt, verlangt sich für einen gewissen Zeitraum eine enorme Selbstdisziplin ab. Dauerhafter Erfolg ist aber durch so einen Kraft- und Willensakt kaum zu erwarten, solange Sie nicht die dickmachenden Lebensverhältnisse grundlegend verändern.

bewegt, wird auch mit Hilfe von Apfelessig sein Übergewicht nicht abbauen. Wer aber auf Maß und Ausgewogenheit in der Ernährung achtet sowie auf ausreichend Bewegung an der frischen Luft, kann durch Apfelessig leichter und schneller abnehmen. Apfelessig regt den Stoffwechsel an, unterstützt den Fettabbau, wirkt entschlackend, verdauungsfördernd, entwässernd und appetitzügelnd. Er verringert auch die Lust auf Süßes. »Ein Mensch, der zur Mahlzeit ein Glas Wasser mit einem Teelöffel Obstessig trinkt, ißt weniger, weil er schneller gesättigt ist«, weiß Dr. D.C. Jarvis.

Verbrennungen

Nach einem alten Hausrezept soll man leichte Verbrennungen sofort mit Essigwasser übergießen.
Wirkung: Kühlt und desinfiziert.

Verdauungsstörungen

Durchfall, der durch eine Dünndarmentzündung, Darminfektion oder schwere Lebensmittelvergiftung hervorgerufen wurde, muß ärztlich behandelt werden. Suchen Sie daher den Arzt auf, wenn der Durchfall länger als zwei Tage andauert, mit Schleim oder Blut durchsetzt ist, mit Fieber und/oder Bauchkrämpfen einhergeht.

»Alles Übel wohnt im Darm«, wußte schon der griechische Arzt Hippokrates vor beinahe 2500 Jahren. Oder andersherum: Ein gesundes Darmmilieu ist eine der wichtigsten Voraussetzungen für gute Gesundheit. Aber dadurch, daß wir zu schnell, zu oft und zu viel essen, insbesondere abends, überfordern wir unseren Darm. Die Peristaltik (die Eigenbewegung des Darms) wird geschwächt, es kommt zu schädlichen Ablagerungen an den Darmwänden, zu Darmträgheit und zu ungesunder Darmfäulnis.
Nahrung, die spätabends aufgenommen wird, bleibt über Nacht unverdaut liegen und fault und gärt im Darm. Wenn der Stuhl stark riecht, deutet das fast immer auf Fäulnisbakterien im Darm hin.
Nehmen die Gärungsgifte im Darm überhand, so kann es zur sogenannten intestinalen Autointoxikation, zur schleichenden Selbstvergiftung des Körpers, kommen. Über das Blut werden die Giftstoffe dann auf den gesamten Organismus verteilt.
Wird diese Situation zum Dauerzustand, wird sich mit der Zeit das Allgemeinbefinden verschlechtern, und die körpereigenen Abwehrkräfte

So wirkt Apfelessig im Darm

- Er schützt vor Infektionen
- Er vernichtet Fäulnisbakterien
- Er sorgt für ein gesundes Darmmilieu
- Er unterstützt die Entgiftungsarbeit der Leber
- Er regt die Peristaltik (die Muskelaktivität des Darms) an

werden geschwächt. In der Folge kann es zu vielerlei Krankheiten kommen, die ursächlich auf ein überfordertes Vedauungssystem bzw. Giftstoffe im Darm zurückgehen.

Mittel gegen Darmfäulnis

Die Darmfäulnis wird verhindert, wenn Sie ein- bis dreimal täglich das Apfelessiggetränk trinken.

Das sollten Sie außerdem gegen Darmfäulnis tun:

- Essen Sie nicht zu spät abends
- Verlegen Sie Ihre Hauptmahlzeit auf einen früheren Zeitpunkt
- Lassen Sie das Abendessen gelegentlich ganz ausfallen, oder nehmen Sie nur ein trockenes Brötchen und etwas Tee zu sich

Abhilfe bei leichtem Durchfall

Es ist bekannt, daß gegen Durchfall (nicht infektiösen Darmkatarrh) rohe geriebene Äpfel verordnet werden. Auch Apfelessig hat sich bei leichtem Durchfall gut bewährt.
Anwendung: Trinken Sie bei leichtem Durchfall bis zu sechsmal täglich 1 Glas Wasser mit 1 TL Apfelessig in kleinen Schlucken.

Achtung! Wenn Durchfall länger als einen bis zwei Tage andauert oder extrem heftig wird, suchen Sie bitte unbedingt einen Arzt auf! Es könnte sich um eine ernsthafte Infektion (Ruhr, Cholera, Typhus, Salmonellen) handeln, gegen die Apfelessig leider nichts ausrichtet.

Verdauungsstörungen durch verdorbene Lebensmittel

Vielleicht ist Ihnen so etwas auch schon einmal passiert: Sie waren im fernen Ausland, in Asien, Afrika oder Lateinamerika, und achteten peinlich genau darauf, nichts zu verzehren, was mit Wasser in Berührung gekommen ist. Denn Wasser in diesen Breiten kann ungewohnte Krankheitskeime enthalten und Durchfall und Magenkrämpfe hervorrufen. Sie essen daher nur Obst, das eine Schale hat, verzichten auf frischen Salat, der mit Wasser gewaschen wurde, und machen Ihr Zahnputzwasser chemisch keimfrei. Dann, an einem heißen Tag, gönnen Sie sich an irgendeiner Getränkebude in einem unbedachten Augenblick ein Glas Cola, eisgekühlt, leeren es in einem Zug, bis nur noch die Eiswürfel im Glas klimpern. Die Eiswürfel? Schon kann es passiert sein. Damit Ihr Aufenthalt nicht durch Magenbeschwerden und Durchfall vermiest wird, sollten Sie sofort etwas gegen die Infektionsgefahr unternehmen.

Nehmen Sie immer eine kleine Flasche Apfelessig mit auf Reisen. Beim Essen in zweifelhaften Restaurants sollten Sie vorsichtshalber ein kleines Fläschchen mit fertiger Apfelessigmixtur mit sich führen.

Vorsichtsmaßnahme gegen Darminfektionen

Wenn Sie etwas verzehrt oder getrunken haben, von dem Sie glauben, daß es verdorben sein könnte, und Sie sich möglicherweise mit Krankheitserregern infiziert haben, trinken Sie ein Glas Mineralwasser mit 2 TL Obstessig.

Die Infektionsgefahr ist besonders zu beachten:

- Bei Speisen wie Fisch und Meeresfrüchten
- Bei Eiern, Geflügel, Eis etc.
- Bei verseuchtem Wasser
- Bei ungewohnten Speisen im Ausland

Wenn Sie den Eindruck haben, daß eine Speise oder ein Getränk nicht einwandfrei ist, werden Sie normalerweise darauf verzichten. Wenn das aber nicht möglich sein sollte, dann trinken Sie vor dem Essen die Apfelessigmixtur.

Bei leichter Nahrungsmittelvergiftung

Wenn Sie die Vorsorgemaßnahmen übersehen haben und es aufgrund verdorbener Nahrungsmittel doch einmal zu leichtem Durchfall, Magenkrämpfen und zu Erbrechen (womöglich auch zu mehreren Symptomen auf einmal) kommt, können Sie wiederum Apfelessig einsetzen. Denn Apfelessig zerstört schädliche Bakterien in den Verdauungsorganen. Er entgiftet und wirkt antibakteriell.

Bei Nahrungsmittelvergiftung

- Geben Sie 1 TL Apfelessig in 1 Glas Wasser und nehmen Sie alle 5 Minuten 1 TL von dieser Mixtur ein.
- Wenn nach 3 bis 4 Stunden das erste Glas leer ist, fahren Sie mit einem zweiten Glas fort, aber nehmen Sie nun alle 5 Minuten 2 TL ein.
- Vom dritten Glas trinken Sie alle 15 Minuten einen kleinen Schluck.
- Halten Sie während dieser Zeit außerdem Bettruhe ein, trinken Sie nur dünnen Kräutertee oder Mineralwasser, und essen Sie keine feste Kost.
- Etwa 8 bis 10 Stunden nach Auftreten der ersten Symptome sollte sich Ihr Zustand so gebessert haben, daß Sie schon etwas Haferschleim, eine trockene Semmel oder Zwieback essen können.
- Trinken Sie auch in den nächsten 2 bis 3 Tagen, wenn keine Durchfälle mehr auftreten, jeweils zu den Mahlzeiten 1 Glas Apfelessigwasser (1 TL auf 1 Glas Wasser).

Vorzeitige Alterserscheinungen

Wer das Gefühl hat, in letzter Zeit stärker gealtert zu sein, als es seinem Lebensalter normalerweise entspricht, sollte sich einmal Gedanken machen, weshalb sich sein Körper nicht mehr richtig regenerieren kann. Eine längere Apfelessig-Honig-Kur (1 Glas Wasser, 2 TL Apfelessig, 2 TL Honig, täglich morgens) zielt oft genau ins Zentrum des Problems.

Denn das Ansetzen von Fett, ausfallende Haare, schlechter werdende Zähne, ein nachlassendes Gedächtnis, Schwerhörigkeit, rasch ermüdende Augen, knarzende und schmerzende Gelenke, verfärbte Fingernägel und Altersflecken auf den Händen sind häufig keine unabwendbaren Zeichen eines fortschreitenden Alterungsprozesses, wie man gemeinhin annimmt. Vielmehr sind dies alles nur Anzeichen dafür, »daß der Stoffwechsel und das innere Gleichgewicht des Körpers gestört sind«, wie Cyril Scott es formuliert. Es sind Signale des Körpers, daß er Unterstützung zur Regeneration braucht.

Die Apfelessiganwendung bei leichten Anzeichen einer Nahrungsmittelvergiftung ist auf jeden Fall hilfreich. Doch wenn die Beschwerden ernsthafter sind oder sich nicht rasch bessern, sollten Sie unbedingt einen Arzt um Rat fragen.

Sie sollten diese Signale nicht tatenlos oder resigniert hinnehmen, sondern einem vorzeitigen Verschleiß- und Abbauprozeß gesundheitsbewußt begegnen.
Mit Hilfe von Apfelessig, einer gesunden Ernährung und aktiver Lebensweise können solche Störungen in vielen Fällen behoben und der Alterungsprozeß verlangsamt werden.
Wirkung: Verbessert die Durchblutung, entschlackt, vitalisiert, führt Mineralstoffe zu.

Warzen

Dieses alte Hausmittel soll Warzen, also Wucherungen der Hautpapillen mit starker Verdickung der Hornschicht, zum Verschwinden bringen.

- Vermischen Sie 1 EL Salz und 4 EL Apfelessig in einem kleinen Schraubglas. Gut durchschütteln
- Betupfen Sie mit der Tinktur mehrmals täglich über einen längeren Zeitraum hinweg die Warzen

Wetterfühligkeit

Diese Apfelessig-Honig-Therapie wirkt nicht nur bei Wetterfühligkeit, sondern auch bei nervösen Spannungen oder Abgespanntheit bei großer Hitze, unter der besonders ältere Menschen leiden.

Die negativen Folgen eines Wetterumschwungs wie Kopfdruck, Schlappheit, Gereiztheit, Gliederschmerzen und Leistungsabfall können erfahrungsgemäß mit dem Apfelessig-Honig-Getränk, das zweimal am Tag getrunken wird, gemildert werden.

Wunden und Wundheilung

Im Volksmund sagt man, daß Apfelessig das Blut »austrocknet«. Diese Aussage rührt von der Beobachtung her, daß bei Personen, die regelmäßig Apfelessigwasser trinken, Schnittverletzungen, Schürfungen und Wunden schneller verkrusten und heilen. Will man die Wundheilung vorantreiben, sollte man daher dreimal täglich einen Apfelessigcocktail trinken.
Wirkung: Desinfizierend, fördert die Blutgerinnung.

Der Apfelessigcocktail empfiehlt sich auch für Personen, die öfter Nasenbluten haben. Die Einnahme von Apfelessig fördert die Heilung der Blutgefäße von innen her.
Die Wundheilung beispielsweise nach einer Operation verläuft rascher, wenn Sie zu jeder Mahlzeit den Apfelessig-Honig-Cocktail trinken. Besonders günstig soll es sein, wenn man schon vier Wochen vor der Operation mit dieser Apfelessigkur beginnt. Apfelessig darf aber natürlich nicht unmittelbar nach einer Operation an den Verdauungsorganen verabreicht werden. Besprechen Sie sich hierzu mit Ihrem behandelnden Arzt.
Wirkung: Beschleunigt die Heilung durch Zufuhr von Mineralstoffen und Vitaminen, fördert die Blutgerinnung.

Sie können Wunden auch mit verdünntem Essigwasser oder purem Apfelessig reinigen, das desinfiziert und fördert ebenfalls die Heilung.

Zahnerkrankungen und Zahnfleisch

Wer unter Karies, Parodontose oder entzündetem Zahnfleisch leidet, sollte regelmäßig Apfelessigwasser zu den Mahlzeiten trinken.
Mundspülungen mit Apfelessigwasser (ohne Honig) sorgen dafür, daß sich weniger Zahnstein bildet, Entzündungen zurückgehen und Karies und Parodontose der Nährboden entzogen wird.
Wirkung: Antibakeriell, entzündungshemmend, führt Mineralstoffe zu, insbesondere Kalzium.

Einer Studie zufolge kann auch der regelmäßige Verzehr von Äpfeln Kariesprobleme mildern. Beim Apfelkauen werden die Zahnzwischenräume gut gereinigt, und die Säuren des Apfels verhindern die Neubildung von Plaque (Bakterienbeläge).

Apfelessigwasser zur Zahnpflege

- 1 TL Apfelessig in 1 Glas Wasser verrühren
- Morgens und abends nach dem Zähneputzen mit dieser Lösung den Mund ausspülen und kräftig gurgeln
- Mit der Zeit werden dadurch auch die Zähne weißer

Für die Schönheit von Haut und Haaren hat sich Apfelessig bewährt.

Apfelessig in der Körperpflege

Apfelessig ist ein natürliches Hautpflegemittel, das die Hautfunktionen anregt, die Durchblutung fördert, die Haut strafft und glättet und insgesamt erfrischend und belebend wirkt.
Dabei ist diese eine Substanz erstaunlich vielseitig und kann ihre pflegende und heilende Wirkung in einer Vielzahl von Anwendungen entfalten.

Säuremantel als Schutz

Der Säuremantel der Haut, der durch die Verdunstung des sauren Schweißes gebildet wird, hemmt die Entwicklung vieler Krankheitskeime. Eine von Natur aus leicht saure, trockene Hautoberfläche hat daher eine wichtige Schutzfunktion für den gesamten Körper. Die meisten Seifen aber greifen diesen Säureschutzmantel der Haut an, denn sie sind stark alkalisch. Wenn Haut oder Kopfhaut jucken, ist das meist ein Zeichen dafür, daß zu scharfe Reinigungsmittel verwendet wurden und das natürlich saure Milieu der Hautoberfläche gestört worden ist. »Wenn man zum Reinigen des Körpers etwas Saures benutzt, so gibt man der Haut das, was ihr normalerweise zuträglich ist, nämlich Säure«, erklärt Dr. D. C. Jarvis. Er empfiehlt daher, statt sich mit Seife zu waschen, lieber ein Obstessigbad zu nehmen oder die Haut nach dem Waschen mit Seife immer mit Obstessigwasser abzureiben, »damit sie ihre normal saure Reaktion behält«. Die Haut ist dann hinterher rosig und gut durchblutet – ein Zeichen für lebendige Haut. Essig hat fast den gleichen pH-Wert wie gesunde Haut (5,5). Das Abreiben mit Obstessig erneuert den Säureschutzmantel der Haut und ist daher als natürliches Hautpflegemittel besonders zu empfehlen.

Das A und O der Hautpflege ist eine milde Reinigung, die den Säureschutzmantel der Hautoberfläche nicht zerstört.

Die tägliche Hautpflege

Massage mit Apfelessig

Mischen Sie nach dem Waschen 2 bis 3 Eßlöffel Apfelessig auf 1 l Wasser, und reiben Sie den ganzen Körper mit der Lösung ab. Verfahren Sie dabei wie unter »Erschöpfung«, Seite 53 (Massage mit Apfelessig), beschrieben. Durch das Abreiben mit Apfelessigwasser werden alle Seifenreste entfernt, und der Apfelessig wirkt eine Zeitlang als Deodorant. Wer für so eine ausgiebige Massage mit Apfelessig täglich keine Zeit hat, sollte sie zumindest einmal pro Woche durchführen.

Vollbad

Für ein Vollbad geben Sie ca. 1/4 l Apfelessig in das Badewasser. Sie sollten mindestens 15 Minuten im Wasser bleiben, damit die Haut die Säure aufnehmen kann. Essigbäder regenerieren eine müde und erschlaffte Haut nachhaltig.

Badezusatz aus Apfelessig und Lavendel

Eine besonders pflegende Komponente erhalten Sie durch die Mischung von Apfelessig mit Lavendelblüten. Dieser Zusatz klärt und beruhigt unreine Haut.

- Geben Sie 1 Handvoll Lavendelblüten in ein Gefäß, und gießen Sie 1/4 l Apfelessig darüber
- Das Gefäß verschließen und 2 bis 3 Wochen kühl und dunkel ruhen lassen
- Dann abseihen und ins Badewasser gießen

Natürliches Deodorant mit Apfelessig

Man beugt Körpergeruch vor, indem man nach dem Waschen die Achselhöhlen mit einem Tuch abreibt, das zuvor in Apfelessig getaucht wurde.

Dieses Mittel ist wirksam und pflegt zugleich die Haut. Es hemmt die Bakterien, die den Körpergeruch verursachen, und belebt und erfrischt die Haut, ohne aber ihren wichtigen natürlichen Säureschutz zu beeinträchtigen.

An den sogenannten »Hundstagen« im Juli, August, wenn das Thermometer tropische Temperaturen anzeigt, sorgt ein Apfelessigfußbad (kühles Wasser mit einer bis zwei Tassen Apfelessig) für Erfrischung.

Die Gesichtspflege

Unreine und fettige Haut

Apfelessigkosmetik gibt es für jeden Hauttyp. So können auch Sie das Rezept herausfinden, das speziell zu Ihnen paßt.

Der desinfizierende und pflegende Apfelessig kann in vielfältigen Rezepten mit weiteren Zutaten kombiniert werden.

Erdbeer-Apfelessig-Maske

Eine Maske aus Erdbeeren und Apfelessig klärt, beruhigt und entfettet unreine Haut. Der Apfelessig wirkt erfrischend, schützend und desinfizierend.

- Zerdrücken Sie 5 Erdbeeren mit einer Gabel, und geben Sie 3 EL Apfelessig hinzu
- 2 bis 3 Stunden ziehen lassen; anschließend die Flüssigkeit abseihen und auf das Gesicht auftragen
- Lassen Sie die Flüssigkeit über Nacht einziehen
- Waschen Sie das Gesicht am nächsten Morgen, und massieren Sie Feuchtigkeitscreme in die Haut ein

Gesichtswasser

Bei fettiger und unreiner Haut mischen Sie Mineralwasser und Apfelessig zu gleichen Teilen und reinigen mit dieser Lotion morgens und abends das Gesicht.

Rosen-Essig-Lotion

Für die Rosen-Essig-Lotion mischen Sie 5 EL Apfelessig mit 5 EL Mineralwasser. Übergießen Sie damit 1 Handvoll getrocknete Rosenblütenblätter (selbst getrocknet oder aus der Apotheke), und lassen Sie die Mischung in einem verschlossenen Gefäß 2 bis 3 Wochen an einer kühlen, dunklen Stelle stehen. Seihen Sie dann die Flüssigkeit ab, und die Lotion ist gebrauchsfertig. Nach dem Abtupfen mit der Lotion sollten Sie das Gesicht nicht mehr waschen.
Diese Lotion ist für fettige und zu Unreinheiten neigende Haut geeignet. Sie können die Lotion auch als Badezusatz für pflegende Vollbäder verwenden.

Gesichtspeeling

Durch ein Gesichtspeeling werden die obersten, toten Hautschüppchen entfernt. Es ist für jeden Hauttyp geeignet.

▶ Reinigen Sie das Gesicht zuerst mit einer milden Reinigungsmilch.

▶ Drücken Sie dann ein kleines Frottiertuch (Gästehandtuch), das Sie mit warmem Wasser getränkt haben, 1 bis 2 Minuten auf das Gesicht.

▶ Tauchen Sie ein Leintuch in lauwarmes Wasser, dem 2 bis 3 EL Apfelessig beigefügt wurden.

▶ Legen Sie das Tuch auf Ihr Gesicht, und decken Sie es mit einem feuchten, angenehm warmen Frottiertuch ab.

▶ 5 Minuten einwirken lassen, anschließend das Gesicht mit warmem Wasser abspülen und mit einem feuchten Frottiertuch kräftig abreiben. Dadurch werden trockene Hautschüppchen, die sich zuvor gelöst haben, entfernt. Darunter kommt die frische, rosige Haut zum Vorschein.

▶ Dieses schonende Peeling empfiehlt sich einmal in der Woche am Abend.

Trockene und ältere Haut

Für trockene Haut gibt es zwei Rezepte, die zum Apfelessig noch eine fettende Komponente hinzufügen.

Avocado-Essig-Maske

Dafür brauchen Sie 2 Eigelb, 2 TL Apfelessig, 2 EL Distelöl, 2 TL frisches Avocadofleisch, 1 TL Zitronensaft.

▶ Sie rühren die beiden Eigelb mit dem Mixer schaumig; geben Sie währenddessen den Apfelessig und das Distelöl tropfenweise dazu.

▶ Zerdrücken Sie dann das Avocadofleisch mit einer Gabel und mischen es zusammen mit dem Zitronensaft darunter.

▶ Abschließend die Avocadomischung noch einmal kurz mit dem Mixer aufschäumen. Sofort verwenden.

Die Avocado-Essig-Maske pflegt trockene und ältere Haut. Sie wird abends nach der Reinigung auf das Gesicht aufgetragen und soll über

Kosmetik ist eine Sache des Ausprobierens und der genauen Beobachtung, denn jede Haut reagiert individuell. Lassen Sie sich daher viel Zeit, um herauszufinden, was Ihnen guttut.

Nacht einwirken. Am Morgen die Reste mit klarem Wasser abspülen. Wenn etwas von der angerührten Mischung übrigbleibt, kann man es im Kühlschrank aufbewahren und am nächsten Abend nochmal verwenden.

Weizenkleie erhalten Sie in Drogerien, Reformhäusern, Apotheken und inzwischen auch in einigen Lebensmittelgeschäften.

Weizenkleie-Essig-Maske

- Dafür erwärmen Sie 4 EL Apfelessig, er darf jedoch nicht kochen
- Rühren Sie 3 TL Honig dazu und zum Schluß 2 EL Weizenkleie
- Tragen Sie die Maske nach der Reinigung auf das Gesicht auf, und lassen Sie sie 1/2 Stunde einwirken. Dann mit lauwarmem Wasser abwaschen

Die in der Avocado enthaltenen Fette und Öle sowie ihr Gehalt an Vitaminen und Mineralstoffen macht sie zu einem idealen Pflegemittel – zur inneren und äußeren Anwendung.

Die Mundpflege

Mundgeruch

Gegen schlechten Geschmack im Mund nach dem Aufstehen und gegen Mundgeruch hilft das Gurgeln mit einer Mischung aus 1 Glas Wasser und 1 TL Apfelessig.

Zahnverfärbungen

Wer Flecken auf den Zähnen hat, sollte jeweils 1 TL Apfelessig in das Zahnputzwasser geben und nach jedem Zähneputzen die Zähne eine bis zwei Minuten damit spülen.

Die Haarpflege

Haarausfall

Etwa 100 Haare fallen jedem Menschen pro Tag normalerweise aus. In der Schwangerschaft oder im Herbst oder Frühjahr können es auch mehr sein. Wenn Sie feststellen sollten, daß mehr Haare ausfallen als sonst, und Sie vielleicht sogar kahle Stellen erkennen, ist dies möglicherweise auf einen gestörten Stoffwechsel zurückzuführen.
Es empfiehlt sich, ein Glas Apfelessiggetränk zu den Mahlzeiten über mindestens sechs bis acht Wochen hinweg zu trinken. Dadurch wird der Stoffwechsel reguliert, Mineralstoffmängel werden ausgeglichen, und der Haarwuchs kann sich wieder stabilisieren.

Sie können zusätzlich die Kopfhaut mit verdünntem Apfelessigwasser massieren. Wenn keine erbliche Veranlagung besteht oder Krankheit als Ursache des Haarausfalls vorliegt, müßten die Haare schon bald wieder kräftig nachwachsen.

Haarspülung

Eine Spülung aus 3/4 l warmem Wasser, dem 1/4 Tasse Apfelessig zugesetzt wurde, nach dem Haarewaschen macht das Haar weich, glänzend, leicht kämmbar und intensiviert die Haarfarbe. Die beste Wirkung wird erzielt, wenn Sie die Spülung nach jeder Haarwäsche durchführen.

Biospülung für Haar und Kopfhaut

- Lassen Sie getrocknete Brennnesseln aus der Apotheke eine Zeitlang in warmem Apfelessig ziehen, und seihen Sie die Brennnesseln dann ab
- Tragen Sie die Tinktur nach dem Haarewaschen scheitelweise auf die Kopfhaut auf, und massieren Sie sie sanft ein
- Die Haare hinterher nicht mehr ausspülen
- Der Geruch verfliegt nach einer Weile

Für alle Haartypen können Sie der Kräuterspülung auch noch je 1 TL Birkenblätter und Lavendelblüten zufügen.

Kräuterspülung

Für eine Kräuterspülung brauchen Sie einige TL getrocknete Blüten oder Kräuter, 100 ml Wasser, 60 ml Apfelessig.
Mischen Sie je nach Ihrem Haartyp spezielle Zutaten hinein:

- Nehmen Sie bei fettigem Haar je 1 TL Salbei, Rosmarin, Thymian und Zinnkraut
- Bei kraftlosem, schlaffem Haar fügen Sie je 1 TL Brennesselblätter, Rosmarin und Kamillenblüten dazu
- Bei glanzlosem Haar geben Sie 2 EL getrocknete, kleingeschnittene Klettenwurzeln zu

Auch gegen Kopfjucken gibt es ein Mittel: Geben Sie 1 TL Obstessig in ein Glas Wasser, tauchen Sie den Kamm ein, und kämmen Sie Strähne für Strähne durch, bis Haare und Kopfhaut getränkt sind. Anschließend das Haar an der Luft trocknen lassen und nicht fönen.

Übergießen Sie die Kräuter oder Blüten mit dem kochenden Wasser, 15 Minuten ziehen lassen, dann abseihen.

- Mischen Sie nun den Sud mit dem Apfelessig
- Gießen Sie die Kräuterspülung nach der Haarwäsche über die Haare
- Anschließend nicht mehr nachspülen; Haare frottieren

Schuppen

Schuppen auf der Kopfhaut sind an sich völlig normal, denn abgestorbene Hautzellen lösen sich ständig von der Haut. Starke Schuppenproduktion kann man jedoch mit Apfelessig beruhigen.
Bei Haarschuppen empfiehlt es sich, verdünnten Apfelessig nach jeder Haarwäsche direkt auf die Kopfhaut aufzutragen. Das hilft auch bei Kopfhautjucken.

- Gießen Sie dazu ein wenig Apfelessig in ein kleines Glasschälchen
- Tauchen Sie einen mit Wasser befeuchteten Waschlappen in den Apfelessig. Streichen Sie die Haare so auseinander, daß Sie die Kopfhaut gut erreichen, und benetzen Sie mit dem Waschlappen Scheitel für Scheitel die Kopfhaut
- Mindestens 30 Minuten einwirken lassen
- Dann die Haare wie gewohnt waschen
- Bei starken Schuppen ist die Behandlung vor jeder Kopfwäsche anzuraten

Honig-Haarfestiger

Dazu brauchen Sie 1 EL Honig, 250 ml destilliertes Wasser, 1 TL Apfelessig.

- Erwärmen Sie das Wasser, lassen es aber nicht kochen, und lösen Sie den Honig darin auf. Dann mischen Sie den Essig bei.
- Verteilen Sie den Haarfestiger vor dem Fönen im frottierten, aber noch leicht feuchten Haar.
- Wer die Haare aufhellen möchte, nimmt statt des Wassers einen Sud aus Kamillenblüten. Dann Essig und Honig zugeben.
- Für eine Rottönung löst man 1 EL rotfärbendes Henna im destillierten Wasser auf, läßt es 10 Minuten leicht kochen und gibt dann erst Honig und Essig hinzu.

Die Handpflege

Rissige Hände

Wenn Sie Olivenöl und Apfelessig zu gleichen Teilen mischen, erhalten Sie ein glättendes Hautöl zur Pflege rissiger Hände. Verwenden Sie dieses Öl nach jedem Händewaschen und insbesondere vor dem Zubettgehen (eventuell einen dünnen Baumwollhandschuh anziehen, um das Bett nicht fettig zu machen).
Die Haut der Hände wird wieder glatt und geschmeidig. Auch zur Pflege der Körperhaut geeignet.

Wenn Sie vor dem Auftragen von Nagellack Ihre Fingernägel mit Apfelessig abreiben, sind die Nägel fettfrei – der Lack hält länger.

Brüchige Fingernägel

Essig ist kein Konkurrent für moderne Desinfektionsmittel, die mit chemischer Gründlichkeit alle Keime vernichten. Die Wirkung des Essigs ist viel sanfter. Dies ist bei manchen Gelegenheiten sein Vorteil.

Ebenso wie Haarausfall, sind auch Fingernägel, die leicht abbrechen oder sich verfärben, auf einen Mangel an Kieselsäure, Kalzium und Natrium zurückzuführen. Da diese Mineralstoffe reichlich in Apfelessig enthalten sind, kann das längere und regelmäßige Trinken von Apfelessigwasser diesen Mißstand beheben. Führen Sie daher eine mindestens sechswöchige Apfelessigkur durch.

Altersflecken

Altersflecken werden durch eine Mixtur aus Apfelessig und Zwiebelsaft aufgehellt.

- Mischen Sie 1 TL Zwiebelsaft (Entsafter) mit 2 TL Apfelessig
- Tragen Sie die Flüssigkeit immer abends auf, und lassen Sie sie über Nacht einwirken. Anschließend die Hände bis zum nächsten Morgen nicht mehr waschen
- Nach längerer und regelmäßiger Anwendung verblassen die braunen Flecken

Die Fußpflege

Hornhaut und Schwielen

Gegen Schweißgeruch der Füße wirkt ein Essigfußbad. Mischen Sie dazu zwei Teile Wasser mit einem Teil Apfelessig.

Verhornte Stellen, Schwielen oder Hühneraugen an den Füßen behandelt man mit einem Apfelessigumschlag.

- Baden Sie Ihre Füße zunächst 10 Minuten in warmem Seifenwasser. Anschließend gut abtrocknen
- Tauchen Sie ein Stückchen Gaze in reinen Apfelessig, legen Sie es auf die verhornte Stelle
- Binden Sie es mit einer Mullbinde fest, oder ziehen Sie Baumwollsöckchen darüber an
- Über Nacht einziehen lassen und mehrmals hintereinander wiederholen, bis die Hornhaut verschwunden ist

Apfelessig in der Küche

Süßsauer eingelegte Köstlichkeiten aus Obst und Gemüse.

Wer das Apfelessigwasser nicht so gern trinkt, aber auf die gesundheitsfördernde Wirkung von Apfelessig nicht verzichten möchte, dem bietet sich der Umweg über die Küche an. Wenn Sie Apfelessig beim Kochen, zur Verfeinerung und zur Salatzubereitung verwenden, werden Sie und Ihre Familie mit allen positiven Stoffen des Apfelessigs versorgt.
Sie können eigentlich für fast alle Rezepte, in denen Essig zugegeben wird, auch den wohlschmeckenden und gesunden Apfelessig verwenden. In amerikanischen und englischen Küchen wird fast ausschließlich mit Apfelessig gekocht und gewürzt. Übrigens dienen nach der Statistik beinahe 60 Prozent des verkauften Essigs der Salatzubereitung. Auch in vielen fertigen Produkten wie z. B. Senf, Ketchup, Mayonnaise, Chutneys oder Salsa ist Essig enthalten.

Achten Sie beim Einkauf auf die Qualität: Naturtrüben Apfelessig, hergestellt aus ganzen, vollreifen Äpfeln erhalten Sie bei uns fast nur im Reformhaus oder in Naturkostläden (Preis um fünf DM für 0,75 Liter). Nur gelegentlich bieten auch Supermärkte Apfelessig von guter Qualität an.

Küchenkniffe mit Apfelessig

Apfelessig kann in der Küche allerlei Helferfunktionen auf schonende und natürliche Weise übernehmen.

Zartmacher

Hülsenfrüchte und Kohlgerichte werden weicher und sind leichter verdaulich, wenn man beim Kochen einen kräftigen Schuß Apfelessig zugibt. Außerdem entfalten sie durch den Essig erst den vollen Geschmack. Wenn Sie Geflügel oder Kalbfleisch noch einen bis zwei Tage im Kühlschrank aufbewahren, sollten Sie das Fleisch in ein in Apfelessigwasser (Mischung 1:1) getränktes Tuch tauchen. Dadurch bleibt es länger frisch, und das Fleisch wird besonders zart.

So wird Bratenfleisch zart: Mischen Sie Brühe und Apfelessig zu gleichen Teilen, und kochen Sie die Flüssigkeit auf. Abkühlen lassen, das Bratenfleisch einige Stunden darin einlegen. Dann wie gewohnt zubereiten. Steaks übergießen Sie mit einer Marinade aus Essig, Öl und nach Belieben etwas zerdrücktem Knoblauch. 2 Stunden einziehen lassen, zwischendurch wenden.

Beize für feine Fleischgerichte

Eine Essigbeize kann man für alle Arten von Wild-, Truthahn-, Wildschwein-, Rind- oder Hammelfleisch verwenden. Man unterscheidet zwischen der Beize für längeres Einlegen und der »Schnellbeize«.
Die Beize wird zubereitet aus 3/4 l Wasser, 1/4 l Apfelessig, Suppengrün, Ringe von 1 bis 2 Zwiebeln, 1 Stück Zitronenschale (ungespritzt), 1 bis 2 TL Wacholderbeeren, je 4 bis 5 Senf- und Pfefferkörner, 3 bis 4 Gewürznelken, 2 bis 3 Lorbeerblätter, nach Geschmack Salbei, Thymian und Rosmarin. In die Beize gibt man kein Salz; das Fleisch wird erst gesalzen, wenn es aus der Beize kommt.
Für längeres Einlegen werden alle Zutaten gemischt, aufgekocht und wieder abgekühlt. Durch das Aufkochen wird die Beize würziger und gewinnt an Haltbarkeit. Die kalte Essigbeize über das Fleisch gießen, so daß es ganz bedeckt ist. Wenn das nicht der Fall ist, muß das Fleisch täglich gewendet werden. Sie können das Fleisch zwei bis sieben Tage lang in der Beize einlegen. Das hängt vom Alter des Tieres und der Fleischdicke ab. Das eingelegte Fleisch sollte zugedeckt sein und kaltgestellt werden. Für die »Schnellbeize« kochen Sie dieselben Zutaten auf. Danach geben Sie die Beize kochend über das vorbereitete Fleisch. Anschließend das Fleisch kaltstellen. Es ist bereits nach einem Tag verwendbar und nicht so ausgelaugt wie beim längeren Einlegen.

Die Apfelessigbeize macht das Fleisch nicht nur bekömmlicher und zarter, sie verfeinert auch den Geschmack und nimmt manchen Fleischsorten – z. B. Wild- und Hammelfleisch – die allzu strenge Geschmacksnote.

Bleichmittel

Damit Obst und Gemüse an der Luft nicht braun werden, gießt man etwas verdünnten Apfelessig darüber.
Geschälte, rohe Kartoffeln werden nicht braun, wenn man sie in einem Glas Apfelessigwasser aufbewahrt. Sie sollten jedoch am nächsten Tag verbraucht werden.

Geruchsvertilger

Wird einem Fischgericht oder Fischsud etwas Essig hinzugefügt, dann verfliegt unangenehmer Fischgeruch. Der gleiche Effekt wird erzielt, wenn man den Fisch mit Essig übergießt. Wird er gekocht, behält er dadurch auch seine blaue Farbe.

Zum Haltbarmachen

Frisches Fleisch oder frischer Fisch halten länger, wenn sie in eine Essigmarinade eingelegt und an einem kühlen Ort aufbewahrt werden. Die Marinade konserviert, säuert, macht zähes Fleisch zarter und mildert den strengen Geschmack von Wild.
Auch Käse bleibt länger frisch und wird nicht so schnell hart, wenn man ihn in einem mit Essig benetzten Tuch im Kühlschrank aufbewahrt.

Zum Neutralisieren

Wenn etwas versalzen ist, vermischen Sie Apfelessig und Zucker zu gleichen Teilen und geben es teelöffelweise zu der Speise, bis der Salzgeschmack ausgeglichen ist.
Wenn etwas zu süß geraten ist, fügen Sie 1 bis 2 TL Apfelessig hinzu, um die Süße zu mildern.

Küchentips

- Wenn man beim Eierkochen einen Schuß Apfelessig ins Kochwasser gibt, wird das Auslaufen der Eier bei gesprungener Schale verhindert.
- Durch Zugabe von 1 TL Apfelessig bleibt Gelatine auch bei großer Hitze im Sommer schön fest.
- Beim Waschen von Salat, Gemüse und Obst sollte man 2 EL Apfelessig und etwas Salz ins Waschwasser geben. Dadurch werden Rückstände von Pflanzenschutzmitteln, Verschmutzungen oder Ungeziefer gründlicher von den Oberflächen entfernt.
- Fritiertes saugt nicht so viel Fett auf, wenn man zum flüssigen Fett 1 TL Apfelessig gibt. So wird es bekömmlicher.

Spargel bleibt wie frisch gestochen, wenn Sie ihn in ein Geschirrtuch wickeln, das Sie vorher mit Apfelessigwasser getränkt haben. Dann für einige Stunden oder auch bis zum nächsten Tag in den Kühlschrank legen.

Mit Marinade und mit Beize erreichen Sie mehrere Effekte auf einmal: Fleisch wird haltbarer, bekömmlicher und zarter. Außerdem bekommt es einen feinsäuerlichen Geschmack.

Der Klassiker für Salatdressings und Mayonnaisen

Apfelessig ist ein guter und preiswerter Essig, der eigentlich zu allen Salatsaucen paßt.

Ein leckeres und gesundes Salatdressing (auch geeignet für Grüngemüse) mischen Sie am besten aus folgenden Zutaten: 2 EL Olivenöl, 1 EL Apfelessig, etwas Honig, Senf und frische Kräuter, 1 Prise Meersalz, Pfeffer aus der Mühle.

Rohkostvorspeise

Eine vitaminreiche Vorspeise kann den Appetit für eine gepflegte Mahlzeit besonders gut anregen. Arrangieren Sie auf einem Teller aufgeschnittene Tomaten, Gurken in Scheiben, Oliven, Zwiebelringe, 1 geviertelte Ei, eventuell etwas griechischen Schafskäse, und gießen Sie das Salatdressing darüber.

Eine Mayonnaise besteht überwiegend aus Pflanzenöl und ist daher sehr fett. Der Essig rundet sie nicht nur geschmacklich ab, er macht sie auch bekömmlicher und leichter verdaulich.

Aromatische Kräutermischung für den Salat

1 EL der folgenden Kräutermischung verleiht jedem Salat ein feines Aroma. Und da sich die Mixtur im Kühlschrank eine Weile hält, ist sie jederzeit zur Hand.

Wählen Sie dazu beliebige Kräuter (z.B. Petersilie, Schnittlauch, Kresse, Kerbel, Borretsch, Dill, Sauerampfer, Pimpinelle etc.), und wiegen Sie sie fein. Füllen Sie die Kräuter in ein Schraubglas, übergießen Sie sie mit 2 EL Öl und 2 TL Apfelessig. Das Glas verschließen und im Kühlschrank aufbewahren.

Selbstgemachte Mayonnaise

- 1 Ei, 1 EL Apfelessig, 1/4 l Öl, 1 TL Senf, Salz, 1 Prise Zucker nacheinander in den Mixbecher des Stabmixers geben
- Alle Zutaten sollten Zimmertemperatur haben, damit sie zu einer gleichmäßigen Masse werden können und die Mayonnaise gelingt
- Den Stabmixer erst eintauchen und dann einschalten; langsam heben und senken, bis die Mayonnaise fertig ist

Essigrezepte

Feine Geschmacksnuancen bei Ihren Speisen können Sie mit Apfelessigspezialitäten nach den folgenden Essigrezepten erzielen.

Fügen Sie Fleisch, Saucen oder Eintopf immer einen Schuß Apfelessig hinzu. Das verfeinert, und Sie profitieren von allen positiven Wirkstoffen des Apfelessigs.

Knoblauchessig

Essig mit Knoblaucharoma rundet alle Blattsalate geschmacklich ab. Man sollte dann aber auf frischen Knoblauch verzichten.
Zutaten: 15 bis 20 Knoblauchzehen, 1 kleine Petersilienwurzel, 1 TL Pfefferkörner, 3 Lorbeerblätter, Thymian, Oregano, Basilikum (je 1 TL, frisch gehackt), 1 l Apfelesssig.
Zubereitung: Den Essig zusammen mit den geschälten und halbierten Knoblauchzehen, der Petersilienwurzel und den Gewürzen in einen Topf geben, aufkochen und 5 Minuten köcheln lassen. Anschließend abseihen und die Flüssigkeit in eine Flasche füllen; die Pfefferkörner und den Knoblauch wieder dazugeben. Die Flasche 4 Wochen kühl und dunkel ruhen lassen, dann ist der Knoblauchessig reif.

Himbeeressig

Zutaten: 1 kg Himbeeren, 3/4 l Apfelessig, 1 kleine Vanilleschote.
Zubereitung: Zerdrücken Sie die verlesenen, gewaschenen Himbeeren mit einer Gabel. Mischen Sie 1/4 l Apfelessig unter das Himbeermark, geben Sie die Vanilleschote dazu und lassen das Ganze zugedeckt 6 Tage stehen; jeden Tag einmal mit dem Kochlöffel durchrühren. Anschließend die Flüssigkeit abseihen, mit dem restlichen Apfelessig in eine Flasche füllen und die Flasche luftdicht verschließen.

Apfelessig wirkt gegen Hungergefühle: Wer einmal eine Mahlzeit ausfallen lassen muß oder möchte, dämpft Hungergefühle, wenn er ein Glas Apfelessigwasser mit Honig trinkt.

Zitronen-Orangen-Essig

Zutaten: 1/2 Orange, Schale von je 1 ungespritzten Orange und Zitrone, 2 TL Zitronenmelisseblättchen, 1 l Apfelessig.
Zubereitung: Schälen Sie die Orange, und schneiden Sie sie in kleine Stücke. Füllen Sie die Orangenstückchen, die in Streifen geschnittenen Fruchtschalen und die Zitronenmelisseblättchen mit dem Apfelessig in eine Flasche. Die Flasche gut verschließen, 3 Wochen kühl und dunkel ruhen lassen.

Honigessig

Zutaten: 4 EL Bienenhonig, 2 Gläschen Grand Marnier, Saft von je 1 Zitrone und Orange, 3/4 l Apfelessig.
Zubereitung: Vermischen Sie alle Zutaten in einem Topf, und lassen Sie die Mischung kurz aufkochen. In eine Flasche füllen, gut verschließen und 2 bis 3 Wochen kühl und dunkel ruhen lassen.

Salbeiessig

Zutaten: 2 Zweige Salbei, 1/2 Zitrone (ungespritzt), 1/2 l Apfelessig.
Zubereitung: Den Salbei 2 Tage zum Trocknen aufhängen, die Zitrone in grobe Stücke teilen. Alle Zutaten zusammen in ein Schraubglas füllen und gut verschlossen 2 Wochen lang an einer kühlen, dunklen Stelle ruhen lassen. Anschließend den Essig in eine dekorative Flasche umfüllen, die luftdicht verschließbar ist.

Geschenkidee mit Estragon

Eine schön geformte Flasche mit selbstgemachtem Estragonessig ist ein willkommenes Gastgeschenk, mit dem Sie dem Gastgeber bei einer Einladung sicher eine Freude machen können.
Estragonessig ist ein feines Würzmittel für alle hellen Saucen, insbesondere für Sauce béarnaise, für Pilzgerichte und Ragouts aus Kalbfleisch oder Geflügel.
Zutaten: 1 l Apfelessig, 1 Handvoll frischgepflückte Estragonblätter, 2 Schalotten, 2 Lorbeerblätter, einige Pfeffer- und Pimentkörner.
Zubereitung: Die gewaschenen Estragonblätter in ein großes Glas mit Schraubverschluß füllen. Man kann noch geschälte Schalotten, Lorbeerblätter, Pfeffer- und Pimentkörner (Nelkenpfeffer) dazugeben.
Das Ganze mit kochendem Essig übergießen und gut verschließen.
Etwa 2 bis 3 Wochen kühl und dunkel ruhen lassen. Danach die Zutaten aus dem Essig filtern, dabei gut auspressen, und den Essig in eine zuvor gut ausgekochte, hübsch geformte Flasche füllen. Stecken Sie einen frischen Estragonzweig hinzu, der jedoch ganz vom Essig bedeckt sein muß, damit er nicht schimmelt. Die Flasche mit einem frischen Korken fest verschließen; den Korken zuvor einige Minuten in kochendem Wasser keimfrei machen.

Wenn Sie die Aromen frischer Kräuter auch im Winter in Ihrer Küche hervorzaubern möchten, können Sie die Kräuter in Apfelessig einlegen. Der Essig nimmt den Duft der Kräuter auf. Alle Speisen und Salate, denen Sie dann diesen Essig zufügen, erhalten so einen feinen Kräuterduft.

Bunte, knackige, frische Sommersalate schmecken besonders gut, wenn Sie zwei oder drei verschiedene Essigsorten miteinander im Dressing mischen. Ebenso können Sie mit dem Öl verfahren. Nehmen Sie z. B. Oliven- und Walnußöl. Probieren Sie es doch einfach einmal aus.

Leckere Saucen

Vinaigrette

Auf Französisch heißt Essig »vinaigre«, das bedeutet sauer (»aigre«) gewordener Wein (»vin«). Von daher stammt »vinaigrette« für die mit Essig gewürzte Salatsauce.

Zutaten: 2 hartgekochte Eier, 3 EL Distelöl, 2 EL Apfelessig, weißer Pfeffer aus der Mühle, 1 Prise Meersalz, 5 g Kapern, 1 TL scharfer Senf.

Zubereitung: Die Eier mit der Gabel fein zerdrücken. Zusammen mit den anderen Zutaten zu einer Sauce glattrühren, die Kapern kommen erst am Schluß dazu. Statt der Kapern kann man feingewürfelte Frühlingszwiebeln, 1 zerdrückte Knoblauchzehe und kleingehackte Kräuter (Dill, Basilikum) zufügen.

Die Vinaigrette paßt hervorragend zu Tomaten, allen Blattsalaten, Bohnen, Kartoffeln oder Artischocken.

Das Rezept für diese Sauce kommt aus Mittelitalien. Salsa verde heißt soviel wie »grüne Sauce«. Sie paßt z. B. gut zu hartgekochten Eiern und kaltem Rindfleisch.

Salsa verde

Zutaten: 1 Bund Petersilie, 3 Sardellenfilets (entgrätet), 1 Essiggurke, 1 gekochte Kartoffel, 1 Knoblauchzehe, 1 Schalotte, 1 EL Olivenöl, 1 EL Apfelessig.
Zubereitung: Petersilienblättchen fein wiegen, Sardellenfilets in Streifen schneiden, Essiggurke hacken, die Kartoffel durchpressen, Knoblauchzehe und Schalotte würfeln. Alle Zutaten mit Olivenöl und Essig zu einer Sauce verrühren.

Feurige Steaksauce

Diese Sauce paßt ausgezeichnet zu Kurzgebratenem wie gegrilltem Fleisch oder Steak und ist auch eine prima Fonduesauce. Wer allzuviel Schärfe nicht verträgt, nimmt ganz einfach weniger Peperoni und Tabasco und würzt eventuell nur mit etwas Pfeffer. Auch auf den Whisky kann man gegebenenfalls verzichten.
Zutaten: 1 Tasse Tomatenketchup, 1 EL Sanddorn, 1 Schuß Whisky, 2 bis 3 kleine Peperoni, 1 Prise Pfeffer, 1 Schuß Tabasco, 4 EL Apfelessig.
Zubereitung: Die Peperoni kleinschneiden, alle Zutaten gut verrühren. Fertig ist die »Teufelssauce«.
Je nach Geschmack kann die Sauce noch mit durchgedrücktem Knoblauch oder durchgedrückten Zwiebeln (Knoblauchpresse), frisch geriebenem Meerrettich oder etwas geriebenem Apfel und Worcestersauce verfeinert werden.

Currysahne zu leichten Fleischgerichten

Diese fein abgestimmte Currysauce ist der ideale Begleiter zu Hähnchen, Pute oder Fisch.
Zutaten: 20 g Butter, 1 Zwiebel, 1 EL Mehl oder heller Saucenbinder, 1/8 l Instanthühnerbrühe, 2 EL Apfelessig, 2 TL Curry, 1/8 l Sahne.
Zubereitung: Die Butter zerlassen und die feingehackte Zwiebel darin andünsten. Mehl oder Saucenbinder einrühren und nach und nach mit der Hühnerbrühe ablöschen. Auf kleiner Flamme etwa 5 Minuten köcheln lassen. Den Curry und den Apfelessig hinzufügen und gut einrühren. Ganz zum Schluß mit der Sahne verfeinern; die Sauce nicht mehr aufkochen.

Spargelsauce

Diese Sauce heißt auch Bozener Sauce und wird zu Spargel und anderem weißem Gemüse wie Blumenkohl gereicht. Sie schmeckt auch vorzüglich zu kaltem Fleisch.

Zutaten: 2 hartgekochte Eier, einige EL kaltgepreßtes Olivenöl (extra vergine), je 1 Prise Salz und Pfeffer, 1 EL Apfelessig, 1 Essiggurke, 2 Schalotten, 1 EL Kapern, etwas Knoblauch, frische Gartenkräuter, vor allem Schnittlauch.

Zubereitung: Die harten Eidotter mit der Gabel zerdrücken und mit Essig, Öl, Salz und Pfeffer verrühren. Eiweiß, Essiggurke, Schalotten und Kapern feinschneiden und dazumischen. Nach Belieben durchgedrückten Knoblauch und zum Schluß die feingewiegten Kräuter hinzufügen.

Indisches Apfelchutney

Chutneys stammen aus Indien und sind scharf gewürzte Saucen aus zerkleinerten Früchten mit Fruchtstücken darin. Mit Essig und Zucker werden die Früchte konserviert.

Das Apfelchutney ist eine appetitanregende, fruchtige Beigabe zu gegrilltem Fleisch, zu Wiener Schnitzel, Schweinefilet, aber auch zu allen Geflügelgerichten.

Zutaten: 1 kg Äpfel, nicht zu süß, 2 bis 3 große Zwiebeln, 100 g Walnußkerne, 1/8 l Apfelessig, 250 g Kandiszucker, Saft von 1/2 Zitrone, 2 bis 3 frische Salbeiblättchen, je 1/2 TL Senfpulver und Kurkuma, je 1 Msp. Zimt, Ingwerpulver und Piment, nach Geschmack 1 bis 2 TL Chilisauce.

Zubereitung: Die Äpfel waschen, Kerngehäuse entfernen und in nicht zu kleine Stücke schneiden. Die Zwiebeln würfeln, die Walnußkerne halbieren. Den Apfelessig erhitzen und den Kandiszucker darin auflösen. Unter Rühren Äpfel, Zwiebeln, Walnüsse, Zitronensaft, feingeschnittenen Salbei und die Gewürze hinzufügen. Alles 1/4 Stunde lang kochen lassen, dabei ständig umrühren.

Sofort in vorbereitete, ausgekochte Schraubgläser füllen, mit dem unversehrten Originaldeckel verschließen und noch eine Weile verkehrtherum ruhen lassen. Auch gut geeignet als kleines Mitbringsel.

Probieren Sie beim nächsten Kindergeburtstag einmal dieses »beerige« Erfrischungsgetränk aus frischen Beeren wie Himbeeren, Brombeeren, Johannisbeeren, Heidelbeeren, Apfelessig und Mineralwasser. Man bedeckt die frischen Beeren mit Apfelessig und läßt sie etwa eine Woche lang stehen. Dann die Früchte auspressen, den Saft mit Mineralwasser auffüllen und mit Zucker abschmecken.

Apfelessig im Haushalt

Als Kalklöser

▶ Kalkablagerungen in Töpfen löst man, indem man das Gefäß mit Wasser füllt, 3 EL Apfelessig hinzugibt und den Topf ein paar Stunden stehenläßt. Die Ablagerungen lassen sich dann mühelos auswischen.

Als Schmutzlöser

▶ Stark verschmutzte Wäsche vor dem Waschen mit Apfelessig besprühen. Der Schmutz löst sich leichter, und die Wäsche wird weicher.

Zur Reinigung und Pflege

▶ Badeschwämme und Bürsten pflegt und reinigt man, indem man sie über Nacht in Essigwasser (Mischung 1:1) legt.

▶ Fensterleder bleiben weich, wenn man sie über Nacht in Essigwasser (Mischung 1:1) einweicht.

▶ Durch Abreiben mit unverdünntem Apfelessig werden Küchenbrettchen desinfiziert und wieder geruchsfrei.

▶ Wenn Kleider vom häufigen Tragen Glanzflecken bekommen haben, kann man die Flecken durch Ausbürsten mit Essigwasser beseitigen.

▶ Wenn Sie bei Wollsachen, Seide oder anderen feinen Materialien einen Schuß Apfelessig ins letzte Spülwasser geben, erzielen Sie einen ähnlichen Effekt wie mit einem Weichspüler. Außerdem werden die Farben aufgefrischt.

▶ Lampenschirme aus Seide reibt man vorsichtig mit lauwarmem Essigwasser ab, damit sich die Seide nicht verfärbt.

▶ Die Farben eines Teppichs werden aufgefrischt und Flecken entfernt durch Abreiben mit einem in Essigwasser getauchten Schwamm.

Als Geruchsvertilger

▶ Der Geruch frischer Farbe oder von Zigarettenrauch verfliegt, wenn man in den Raum eine Schüssel mit reinem Essig stellt.

Zur Blumenpflege

▶ Blumen halten länger, wenn man dem Blumenwasser 2 EL Essig und 2 EL Zucker beigibt.

▶ Topfpflanzen mit breiten Blättern (z. B. Gummibäume) befreit man von Zeit zu Zeit vom Staub, indem man sie mit lauwarmem Apfelessigwasser (Mischung 1:1) abwischt.

Pflanzen, die von Läusen oder anderem Ungeziefer befallen sind, besprüht man mit Essigwasser, dem etwas Salz beigefügt wurde.

Über die Autorin

Margot Hellmiß beschäftigt sich seit vielen Jahren mit Naturkosmetik, Naturheilmethoden, alternativen Therapieverfahren, gesunder Ernährung und Diät. Sie ist Autorin erfolgreicher Ratgeber im Gesundheitsbereich.

Literatur

Bragg, Dr. P.C./Bragg, Dr. P.: Natürlicher Apfelessig. Das Gesundheits-Elexier. Waldthausen Verlag. 2. Auflage, Ritterhude 1995
Hellmiß, M.: Heilfasten nach F.X. Mayr. Südwest Verlag. 4. Auflage, München 1996
Hellmiß, M./Scheithauer, F.: Wirkungsvolle Hilfe bei Herpes. Südwest Verlag. 2. Auflage, München 1996
Klaeger, C.: Gesund und fit durch Vitamine. Südwest Verlag. 3. Auflage, München 1996
Oberbeil, K.: Fit durch Vitamine. Südwest Verlag. 11., völlig neu bearbeitete und erweiterte Auflage, München 1996
Thaker, E.: Das große Buch vom Essig. Reuille Verlag. Nyon/Schweiz 1996

Hinweis

Das vorliegende Buch ist sorgfältig erarbeitet worden. Dennoch erfolgen alle Angaben ohne Gewähr. Weder Autor noch Verlag können für eventuelle Nachteile oder Schäden, die aus den im Buch gemachten praktischen Hinweisen resultieren, eine Haftung übernehmen.

Bildnachweis

AKG, Berlin: 13; Bilderberg, Hamburg: 26 (Klaus Bossemeyer), 91 (Reinhart Wolf); bpk, Berlin: 15; Image Bank, München: 6 (Nino Mascardi), 9 (Peter Miller), 62 (Gio Barto), 76 (Brigitte Lambert);
Kerth, Ulrich, München: Titelbild (U1), 80, U4; Mauritius, Mittenwald: 1 (Scheurecker), 18 (Rosenfeld), 42, 85 (AGE), 44 (Hubatka); Südwest Verlag, München ©: 16; Visum, Hamburg: 24 (Günter Beer)

Impressum

6. Auflage 1997

Lektorat:
Werner Lord
Redaktionsleitung und medizinische Fachberatung:
Dr. med. Christiane Lentz
Bildredaktion:
Sabine Kestler
Produktion:
Manfred Metzger
Umschlag:
Till Eiden
Layout:
Wolfgang Lehner
DTP/Satz:
Reiner Löb
Druck:
Color-Offset, München
Bindung:
R. Oldenbourg, München

Printed in Germany

Gedruckt auf chlor- und säurearmem Papier

ISBN 3-517-01892-9

Register